Bewerben ohne Bewerbung

Svenja Hofert

Bewerben ohne Bewerbung

Alternative Erfolgsstrategien
in schwierigen Zeiten

Die Autorin
Svenja Hofert arbeitet seit Jahren erfolgreich als Autorin und Karrierecoach in Hamburg und Köln. Ihre Internetadresse lautet *www.karriereundentwicklung.de*. Bei Eichborn sind u. a. bereits erschienen: *Praxisbuch Existenzgründung* (2004), *Praxismappe für die perfekte Internet-Bewerbung* (2004) und *Praxismappe für die kreative Bewerbung* (2002).

2 3 4   07 06

© Eichborn AG, Frankfurt am Main, Oktober 2005
Umschlaggestaltung: Christina Hucke
Lektorat: Sabine Rock
Satz: Oliver Schmitt
Druck und Bindung: Fuldaer Verlagsanstalt, Fulda
ISBN 3-8218-5883-4

Alle Rechte vorbehalten. Kein Teil des Werkes darf in irgendeiner Form (durch Fotografie, Mikrofilm oder ein anderes Verfahren) ohne schriftliche Genehmigung des Verlages reproduziert oder unter Verwendung elektronischer Systeme verarbeitet, vervielfältigt oder verbreitet werden.

Verlagsverzeichnis schickt gern:
Eichborn Verlag, Kaiserstraße 66, D-60329 Frankfurt am Main
www.eichborn.de

Inhalt

- 7 Bewerben ohne Bewerbung – um was es geht
- 13 Was Sie über die moderne Bewerberauswahl wissen müssen
- 29 Mit alternativen Strategien zum neuen Job
- 45 Die Angebotsstrategie
- 67 Die Community-Strategie
- 77 Die Elfenstrategie
- 87 Die Gesuch-Strategie
- 99 Die abgewandelte Initiativstrategie
- 113 Die Expertenstrategie
- 125 Die Jobbuilder-Strategie
- 139 Die Headhunter-Strategie
- 145 Die Kreativstrategie
- 153 Die Freie-Mitarbeit-Strategie
- 159 Die Netzwerkstrategie
- 177 Die Projektstrategie
- 187 Die Schneeballstrategie
- 195 Die Seniorenstrategie
- 205 Die Auslandsstrategie
- 217 Die Terminstrategie
- 225 Kombinierte Strategien
- 230 Nachwort
- 232 Lesenswert

Bewerben ohne Bewerbung
– um was es geht

Liebe Leserinnen und Leser,

»es hat geklappt! Er hat wirklich geantwortet! Frau Hofert, das war ein Super-Tipp!« Welcher Tipp? Ganz einfach: keine Bewerbung an die Personalreferentin, sondern einen persönlichen Brief an den Vorstand zu schicken.

Ich musste dazu erhebliche Überzeugungsarbeit leisten. Mein Coachee, so nennt ein Karrierecoach den Bewerber, wollte nicht. Er sträubte sich mit Haut und Haaren. Ist das nicht frech? Geht das – so an der Personalabteilung vorbei, ganz ohne Bewerbung? Ja, sagte ich: »Es ist frech. Es traut sich auch kaum jemand. Aber es ist Ihre einzige Chance, gehört zu werden. Sonst werden Sie mit Ihrem Lebenslauf aussortiert. Garantiert.«

In der Frechheit – kombiniert mit überzeugenden Sachargumenten, die auch der beste Lebenslauf der Welt nicht in dieser einprägsamen Form darlegen konnte – liegt das Geheimnis dieser Maßnahme. Es ist eine von vielen Möglichkeiten, die Sie ergreifen können, um sich einen Job zu angeln, ohne mit der traditionellen Mappe oder einer E-Mail-Bewerbung aufzuwarten. Eine von vielen Möglichkeiten, die sehr wahrscheinlich eher und sicherer zum Erfolg führen als das Traditionsbündel aus Anschreiben, Lebenslauf und Zeugnissen.

Die Bewerbungswelt funktioniert heute anders als noch vor zehn Jahren. Es reicht schon lange nicht mehr aus, schicke und aussagekräftige Unterlagen zu erstellen, sie wegzuschicken und dann abzuwarten. Auch Initiativbewerbungen sind out. Es gibt auf Firmenseite eine regelrechte Angst vor Bewerbungen, vor allem vor denen, die unverlangt eintreffen.

Sich auf ein Stelleninserat zu melden oder sich initiativ zu bewerben – beides waren Methoden, die griffen, solange es einen Bewerbermangel gab oder das Verhältnis halbwegs ausgeglichen war. Bei Überschuss und in Zeiten hoffnungslos überlasteter Personalabteilungen versagen diese Methoden zwar nicht immer, aber sehr oft. Dafür gibt es vielfältige Gründe, die ich in diesem Buch erläutere.

BOB – Bewerben ohne Bewerbung – ist eine Methode, die es eigentlich schon immer gab. Viele erfolgreiche Menschen wenden Sie intuitiv und ohne Ratgeber an und waren auch schon vor zehn Jahren damit erfolgreich. Alle anderen müssen lernen, dass es neue Wege zu finden gilt, wenn sie jetzt und dauerhaft erfolgreich sein und einen Job finden wollen.

Ich möchte Ihnen drei weitere, wahre Geschichten erzählen, die beweisen, dass Umdenken notwendig ist und Querdenken und Andershandeln belohnt wird.

- Axel, 46, bewarb sich mit den besten Unterlagen. 50-mal. Die Stelle passte immer hundertprozentig zu ihm – und er bekam trotzdem jedes Mal eine Absage. Irgendwann war klar: Er kam nicht über die erste Phase der Auswahl hinaus. Fast jeder Bewerber über 45 wird von Unternehmen heute aussortiert, völlig gleich, welche Qualifikation und Erfahrung er mitbringt. Das geben viele Unternehmen nicht zu, es ist aber so. Dann entschied sich Axel, sich nicht mehr zu bewerben. Stattdessen aktivierte er Kontakte und baute neue auf. Das brauchte etwas Zeit, aber er erhielt mehrere Angebote und arbeitet inzwischen als Vertriebsleiter.

- Marie, 37 Jahre, Geisteswissenschaftlerin, hatte alles versucht. 100 Bewerbungen geschrieben, sich unter Wert verkauft, bei Zeitarbeitsfirmen vorgestellt. Aber kein Job klappte – man sagte ihr, sie sei überqualifiziert und habe dann auch noch zu wenig Praxiserfahrung. Mit Hartz IV kam neue Bewerbungsmotivation. Marie schaltete ein Gesuch in der Zeitung, wurde elfmal angerufen und siebenmal eingeladen. Zwei Wochen nach dem Inserat unterschrieb sie den Arbeitsvertrag.

- Melli, 31, war gekündigt worden, weil ihr Arbeitgeber von einem britischen Unternehmen übernommen worden war. Mit ihr waren 35 weitere Marketingexperten freigesetzt worden. Sie beobachtete, wie sich alle bei den gleichen Hamburger Top-Firmen bewarben und reihum Absagen kassierten. Sie entschied sich, es nicht so zu machen wie alle anderen, weil es offensichtlich zu nichts führte. Stattdessen entwarf sie ein kurzes Profil und gab es ehemaligen Kollegen und Vorgesetzten, damit sie es in ihrem Umfeld an Bekannte und neue Kollegen weiterleiten würden. Ziemlich schnell kam der Ball ins Rollen und es folgte eine Einladung zum Gespräch. Der Anrufer stammte ausgerechnet aus einer der Firmen, die den ehemaligen Kollegen auf ihre offiziellen Bewerbungen hin nur Absagen geschickt hatten. Es war eine Firma, die normalerweise mit einem externen Personaldienstleister zusammenarbeitet, der alle Bewerbungen empfängt und die Auswahl steuert. Die Einladung zum Vorstellungsgespräch kam aber, oh Wunder, direkt aus der Fachabteilung ...

Keiner der drei Jobsuchenden hat eine klassische Bewerbungsmappe eingeschickt. Alle waren keine leichten Fälle: der Lebenslauf nicht hundertprozentig geradlinig, »zu alt«, bereits in Hartz IV und Geisteswissenschaftlerin, zudem im besten Gebäralter für Akademikerinnen ... Doch BOB ist für jeden etwas, sogar für den begehrten High Potential, der sich die ersten fünf bis sechs Berufsjahre keine Sorgen um den Job machen muss. Dieser Weg ist nicht nur für jetzt und heute nutzbar, sondern kann Sie während Ihrer ganzen Karriere begleiten.

Dieses Buch stellt Ihnen Erfolgsstrategien vor, die funktionieren. Das zeigen auch die Erfahrungsberichte: Alternative Wege führen eher zum Erfolg als das klassische Bewerben. Diese Beispiele aus der Praxis sind als »Meine Erfahrung« in die Beschreibung der einzelnen BOB-Strategien eingeflossen.

Meine Erfahrung

Wie ich meine Jobs bekommen habe?

1. Job: klassische Bewerbung
2. Job: dito
3. Job: Ich wurde von Chef 1, der inzwischen die Firma gewechselt hatte, in die neue Firma nachgeholt.
4. Job: Ich habe beim Kunden angeheuert (Kontaktaufnahme erfolgte über Chef 2, der inzwischen bei Firma 4 arbeitete).
5. Job: Ich hielt einen Vortrag auf einem Kongress und wusste zu dem Zeitpunkt schon, dass ich aus privaten Gründen die Stadt wechseln würde. Habe die Teilnehmerliste intensiv nach regionalen Kriterien gescannt und in der Kaffeepause gezielt zwei Menschen angesprochen. Mensch 1 wurde sechs Monate später mein Chef in Job 5, Mensch 2 ist jetzt (vier Jahre später) mein Kunde (ich bin inzwischen selbständig).

Susanne, Projektleiterin

BOB versteht sich als Anleitung dafür, bei Ihrem Bewerbungsvorhaben neue Wege zu gehen. Sie erfahren alles über die Strategien, deren Gemeinsamkeit darin besteht, dass Sie ohne Bewerbung zum Job kommen. Es ist das erste Bewerbungsbuch, in dem es nicht um Mappen und Vorstellungsgespräche geht.

Mehrere Jahre habe ich die beruflichen Wege meiner Coachees beobachtet. Ich habe viele von ihnen über einen längeren Zeitraum – teilweise mehr als ein Jahr – begleitet und kann genau sagen, welche Methode und Herangehensweise und auch Denkweise (!) zum Erfolg führt und welche nicht. Ich habe auch gesehen, dass reine Unterlagenoptimierung nach wie vor wichtig ist.

Aber es gibt einfach Fälle, in denen die optimierte Bewerbung den Bewerber keinen Schritt näher an den Job gebracht hat.

Darüber hinaus habe ich mit zahlreichen Menschen gesprochen, die sich nie bewerben mussten. Das sind eben diese, die eine oder mehrere der BOB-Strategien intuitiv anwenden. Das Ergebnis all dieser Beobachtungen und Gespräche ist eine umfangreiche Methodensammlung. Ich habe die einzelnen Vorgehensweisen analysiert und das extrahiert, was für (fast) jeden Bewerber praktisch nutzbar ist. Daraus sind direkt umsetzbare Bewerbungsstrategien entstanden.

Jede der 16 Strategien hat ihren eigenen Charakter. Die eine fordert etwas mehr Einsatz von Ihnen, die andere weniger. Eine wirkt schnell innerhalb von Wochen, die anderen brauchen schon mal ein Jahr, bis sich der Erfolg einstellt. Manche Strategien eignen sich für jedes Alter, andere sind gerade für Bewerber über 40 empfehlenswert.

Alle Strategien sind von Branchen und Berufen unabhängig, können von Führungskräften und einfachen Angestellten – und auch Handwerkern – angewendet werden. Ich bin mir sicher: In diesem Buch findet jeder eine oder mehrere passende Strategien. Nicht zuletzt eignen sich manche Strategien zudem zur Laufbahnplanung. Heißt: Auch, wenn Sie derzeit fest im Sattel sitzen, sollten Sie vorsorgen und sich in die komfortable Situation bringen, dass Sie sich nicht mehr offiziell bewerben müssen. Sie werden damit bei eventuellen Karriereknicks, die auch die erfolgreichsten Menschen irgendwann erleiden, sofort aufgefangen.

BOB verheißt keine Wunder. Jede Strategie bedeutet ein bisschen (Denk-)Arbeit für Sie. Und wenn Sie am Ende erfolgreich sind? Dann hat sich das Nachdenken und Umsetzen, der Glaube an die anderen Wege gelohnt. Sie werden mit BOB erfolgreich sein, wenn Sie bereit sind, sich vom gewohnten Denken zu verabschieden und ganz neue Wege zu gehen.

Dabei wünsche ich Ihnen viel Erfolg und freue mich auf zahlreiche Briefe und E-Mails von BOB-Anhängern und BOB-Kritikern, auf Fragen, Anregungen und weitere Ideen …

Ihre
Svenja Hofert

Was Sie über die moderne Bewerberauswahl wissen müssen

Warum klassische Bewerbungsstrategien heute fast immer versagen

Beim angesehenen Goethe-Institut sollen auf eine Stellenanzeige in der *Zeit* 4.500 Bewerbungen eingegangen sein. Angesprochen waren Geisteswissenschaftler mit interkulturellen Erfahrungen in Osteuropa. Wie viele Personalverantwortliche mit der Auswahl dieser Bewerbungen betraut waren, ist nicht bekannt. Aber in der Regel gab es in den vergangenen Jahren keine Neueinstellungen zur Bewältigung der Bewerbungsflut. In einigen Fällen sollen immerhin studentische Hilfskräfte eingesetzt worden sein.

Aber auch weniger renommierte Arbeitgeber melden Notstand und nicht nur Geisteswissenschaftler treffen sich unten, oben oder mitten auf dem Bewerbungsberg – meist jedoch weiter unten, wo sie in der Masse untergehen.

Wir wissen alle: Es gibt zu viele Bewerber und zu wenig (passende) Stellen. Deshalb entstehen viel zu viele Bewerbungen. Nicht nur Traumarbeitgeber stöhnen, auch Unternehmen aus dem weniger beliebten Produktions- und B2B-Bereich sind überfordert. Selbst kleine Unternehmen, früher von Top-Bewerbern schnöde ignoriert, werden mit Initiativbewerbungen zugeschüttet. Oft reicht eine Internetseite aus – schon stürmen ungefragt Bewerber auf die Firma zu und kapern das E-Mail-Postfach mit ihren PDF-Dateien.

Was diese Flut an Bewerbungen in den Fach- und Personalabteilungen letztlich bewirkt, machen sich Bewerber viel zu wenig bewusst: Es gibt in vielen Bereichen keine saubere Personalauswahl mehr. Wer über »Absagen« oder »Einladen« entscheidet, tut dies manchmal nach Bauchgefühl und oft nach rein formalen Kriterien. Aus Angst vor Fehlentscheidungen wird hochgerüstet, was die Anforderungen betrifft. Mindestens Abitur müssen heute sogar manche Bürokaufleute mitbringen. Gute Noten sind selbstverständlich, Auslandsaufenthalte, Top-Zeugnisse – und das Alter. In manchen Branchen ist es nicht mehr möglich, als 38-Jähriger einen Job zu finden. Die inoffizielle »Deadline« liegt derzeit vielfach bei 45 Jahren.

Nicht selten siegt aber auch die pure Überforderung: Kaum ein Personalverantwortlicher schafft es noch, Dutzende und Hunderte Bewerbungen ganz genau durchzusehen und durchzulesen. Der Zufall bestimmt deshalb häufig die Personalauswahl – oder nennen wir es: das Glück.

Meine Erfahrung

Insiderbericht – wie Stellen wirklich entstehen
Ich bin Personalreferentin bei einem großen Unternehmen. In den Job bin ich eher durch Zufall gerutscht, ich war vorher im Vertriebsinnendienst. Früher hatten wir Mühe, überhaupt Bewerber zu finden. Wir sind als Firma im Bereich Business-to-Business tätig und liefern Bauteile für Maschinen zu. Wir gehören ganz sicher nicht zu den Traumarbeitgebern. Wir waren lange nicht schick genug für die Top-Absolventen. Auf manche Anzeige gingen kaum acht Bewerbungen ein. Die Bewerber hatten es leicht, und wir hatten es schwer.
Seit einigen Jahren hat sich der Trend aber umgekehrt. Auf manche Stelle gehen hundert und mehr Bewerbungen ein. Die Fachabteilungen sind dabei meist überfordert und wollen oft eine Vorauswahl von uns – in der Regel die besten zehn Bewerber.
Diese vielen Bewerbungen müssen wir mit dem gleichen Personal bearbeiten wie in Zeiten des Fachkräftemangels. Ich sage Ihnen: Das geht gar nicht. Ich gebe meine Bewerbungen deshalb oft einer Praktikantin, die gemäß des Stellenprofils eine Auswahl treffen soll. Natürlich macht sie dabei Fehler, weil die fachliche Beurteilung kaum möglich ist. Ich versuche immer noch mal über alle Bewerbungen zu schauen, aber das geht einfach nicht immer.
Aus diesem Grund und weil Anzeigen sehr teuer sind, freuen wir uns, wenn wir gar keine Anzeigen schalten müssen, weil es schon geeignete Bewerber gibt. Am besten ist es, wenn wir diese persönlich kennen. Neulich kam unser Vertriebsleiter mit einer Visitenkarte von einem Außendienstler aus einer Konkurrenzfirma. Er trifft ihn seit Jahren auf Messen. Wir haben ihn eingestellt, auch wenn seine Qualifikation eigentlich nicht unseren Anforderungen entsprach, denn wir suchten einen Ingenieur.
Es ist auch so, dass letztendlich die Fachabteilung entscheidet. Das ärgert uns manchmal, denn nicht immer halten wir diese Entscheidungen für gut. So haben wir einen Leiter für unsere Marketingabteilung gesucht und hatten eine Top-Kandidatin. Der Marketing-Vorstand wollte die Dame aber nicht haben, weil er den Sohn eines Bekannten im Visier hatte. Das sind immer solche Spielchen, die da im Hintergrund ablaufen ...

So werden Bewerber heute ausgewählt

Sind Sie auch frustriert, wenn Sie eine Absage erhalten? Fragen Sie sich, woran es gelegen hat, und suchen Sie immer den Grund bei sich? War die Bewerbung nicht gut genug? Stimmte eine Antwort im Vorstellungsgespräch nicht? Welche Fragen auch immer quälen – das Fazit ist dasselbe: Fast alle Bewerber beziehen eine Absage nur auf sich. Kaum jemand kommt auf die Idee, dass es auch an dem Unternehmen, internen Querelen, der Änderung von Anforderungsprofilen oder schlicht an Inkompetenz und Überforderung gelegen haben könnte.

Die Aussage »Wir haben uns für einen anderen Bewerber entschieden, der noch besser zu uns passte« frustriert. Gut möglich, dass vielleicht wirklich jemand mit besseren Qualifikationen dabei war. Das muss jedoch nicht so sein. Möglich ist auch, dass man Ihr Können ganz einfach nicht bemerkt oder Ihre Unterlagen übersehen hat.

Folgendes Gespräch hat die Autorin selbst so mitgehört:

»Machen Sie doch mal einen Entwurf für ein Absageschreiben.«
»Was soll ich denn den Bewerbern sagen?«
»Irgendetwas Unverfängliches, das immer passt!«
»Also früher, bei der Deutschen Bank, habe ich immer geschrieben, dass uns aufgrund der Vielzahl der Bewerbungen die Auswahl sehr schwer gefallen ist. Wir mussten uns dann für jemanden entscheiden, dessen Qualifikationen am besten zu uns gepasst haben.«
»Dann schreiben Sie das so.«

Gehen Sie nie davon aus, dass die Aussagen in der Absage stimmen. Meistens handelt es sich dabei um Standardbriefe. Sie werden auch dann eingesetzt, wenn hinter den Kulissen ganz andere Dinge passiert sind. So schalten viele Unternehmen beispielsweise Anzeigen, bevor eine Stelle genehmigt ist, einfach so für den Fall, dass ...

Und es gibt noch mehr Absagegründe, von denen Sie als Bewerber meistens nichts erfahren: Nicht selten verändert sich die Stellenbeschreibung noch während der Laufzeit der Anzeige oder aber der »halbgare« Job fällt komplett weg, weil es Umstrukturierungen gibt oder der Posten vom Chef nicht genehmigt wird. Sehr häufig sind Stellen auch längst intern besetzt und die öffentliche Ausschreibung ist nur noch Kosmetik – das kommt vorwiegend bei öffentlichen Institutionen vor, die Anzeigen aus einer gesetzlichen Pflicht heraus schalten müssen. Möglich, dass sich die Personalabteilung noch ein paar weitere Bewerber ansehen möchte. Aber eigentlich gibt es da schon einen Kandidaten, der sich ins Spiel gebracht hat – manchmal ist das ein Bewerber von außen und oft ist es jemand, der derzeit auf einer anderen Position sitzt und wartet.

Im öffentlichen Bereich werden Stellen zurzeit sowieso fast ausschließlich mit internen Bewerbern besetzt, da durch den Um- und Abbau viele Angestellte ihre Stelle verloren haben oder verlieren werden. Ist die interne Besetzung nicht möglich, bevorzugen öffentliche Institutionen arbeitslose Bewerber, die Anspruch auf finanzielle Eingliederungshilfen der Arbeitsagenturen haben (siehe auch Angebotsstrategie, Seite 45 ff.).

Trauen Sie nicht jeder Anzeige. Aus vielen Inseraten werden niemals Jobs!

Vier Fallbeispiele aus der Praxis

▶ Ein Berufsverband schaltet eine Anzeige, in der er einen Referenten sucht. Zu dem Zeitpunkt, als das Inserat veröffentlicht wird, ist längst klar, dass intern in vielen Abteilungen Kürzungen geplant sind und mindestens 40 Mitarbeiter entlassen werden sollen. Viele fallen aufgrund ihres Alters, des Familienstandes und der Betriebszugehörigkeit unter die Sozialauswahl. Einer davon wird schnell zum Referenten gemacht. 150 Bewerber erhalten eine Absage.

▶ Ein Unternehmen schaltet auf gut Glück Anzeigen, weil es sein könnte, dass ein großer Auftrag neue Mitarbeiter erfordert. Der Auftrag kommt nicht, die Bewerber werden über Monate beschwichtigt und im Unklaren gelassen.

▶ Der Abteilungsleiter ist überlastet und möchte einen neuen Mitarbeiter. Er beauftragt die Personalabteilung mit der Stellenschaltung. Nach drei Vorstellungsrunden spricht er mit dem Vorstand. Der genehmigt die neue Stelle nicht. Die Arbeit soll erst mal auf anderen Schultern verteilt werden.

▶ Eine Firma schaltet nur deswegen Anzeigen, um dem Wettbewerb und den Kunden Wachstum – und damit Erfolg – vorzugaukeln.

Heißt das denn nun, dass diese Stellen nie entstanden sind und nie entstehen werden? Nein, das heißt es nicht. Es bedeutet nur, dass sie zu dem Zeitpunkt, als die Stellen ausgeschrieben wurden, nicht wirklich existierten. Und so gingen die vier Geschichten weiter:

▶ Der Berufsverband setzte vorübergehend einen älteren Mitarbeiter auf die Stelle. Dieser füllte den Job nicht in der gewünschten Art und Weise aus. Schließlich landete er wieder auf einer anderen Position. Die Referentenstelle wurde dann doch von einem neuen Mitarbeiter besetzt. Es handelte sich dabei um einen der ehemaligen Bewerber auf das Stelleninserat, der nach einem halben Jahr einfach noch mal nachgefragt hatte – und das genau zum richtigen Zeitpunkt.

▶ Der große Auftrag kam nie, dafür aber verschiedene andere. Das Unternehmen stockte seine Mitarbeiterzahl nach und nach auf. Auch hier wurde ein Bewerber eingestellt, der sich zwischendurch immer mal wieder gemeldet hatte – gerade, als keine Anzeige geschaltet war.

▶ Die Arbeit bei dem Unternehmen lässt sich nicht auf mehreren Schultern verteilen, der Vorstand hat gut reden. Der Abteilungsleiter bringt einen zur Zeit arbeitslosen Bekannten aus seiner ehemaligen Firma ins Unternehmen, der zunächst eine bezahlte Projektarbeit ausführt. Später wird er eingestellt.

▶ Die Bewerbungen, die auf die geschalteten Anzeigen eingehen, werden zur Seite gelegt. Es wird jemand eingestellt, den der Geschäftsführer auf einer Veranstaltung kennen gelernt hat. Gebrauchen kann man ja schon noch jemand ...

Wie Sie dieses Wissen nutzen können

- Verlassen Sie sich nicht auf Inserate. Nehmen Sie nicht jedes Stellenangebot für bare Münze. Viele Stellen existieren gar nicht. Andere existieren, finden sich aber nicht in der Zeitung.
- Beobachten Sie interessante Unternehmen, indem Sie Fachzeitschriften und Branchenblätter lesen. Wenn Sie über diese Quellen oder durch Hörensagen erfahren, dass ein neues System oder eine innovative Technik eingeführt wird und Sie dieses System oder diese Technik beherrschen bzw. Erfahrung im neuen Bereich mitbringen, reagieren Sie sofort – etwa mit einem Anruf.

Wie neue Jobs entstehen

Expansion in neue Gebiete

Wenn Firmen sich auf Kernkompetenzen konzentrieren, bedeutet dies in der Regel, dass sie in jenen Bereichen entlassen, die sie nicht als zur Kernkompetenz gehörig identifizieren. Umgekehrt stellen Firmen aber auch ein, wenn sie den ursprünglichen Bereich erweitern und neue Gebiete erschließen. Der Aufbruch in neue Geschäftsfelder erfordert den Aufbau neuer Kompetenzen und die Einstellung neuen Personals.

Ein Unternehmen startet mit pflegender Kosmetik im Naturbereich, entdeckt dann aber auch den Bereich dekorativer Kosmetik. Oder eine Institution hat sich anfangs auf die Beratung von Existenzgründern konzentriert, um nach einigen Jahren am Markt auch größere Unternehmen in Personalfragen zu beraten.

Die Konzentration auf das neue Gebiet birgt natürlich auch Risiken. Wie sicher kann man sich eigentlich auf einer Position in einem neuen Feld fühlen? Viele Bewerber haben Angst, den Job schnell wieder zu verlieren, wenn nicht klar ist, wie das Experiment Expansion in ein neues Gebiet ausgeht. Wenn sich der neue Zweig nicht so entwickelt wie erwartet, wird er vielleicht schnell wieder abgestoßen und mit ihm die neu eingestellten Mitarbeiter. Wenn das Unternehmen aber in einem gesunden Maße wächst und sich dieser Prozess aus der logischen Weiterentwicklung des Unternehmens ergibt, bieten solche Positionen viel Potenzial.

Wie Sie dieses Wissen nutzen können

- Beobachten Sie die Tageszeitungen und Wirtschaftsnachrichten, etwa über das *Handelsblatt* oder die *Financial Times Deutschland*. Ad-hoc-Nachrichten von Aktiengesellschaften sind ebenfalls eine wahre Fundgrube. Ad-hoc-Meldungen sind Meldungen mit kursrelevantem Nachrichtenwert.

Die Qualität muss gesteigert werden

Meist bezieht sich das auf einen ganz bestimmten Bereich. Und immer gibt es eine Vorgeschichte. Da ist das Unternehmen, das durch lausigen Kundenservice einen zweifelhaften Ruf genießt. Es ist nur eine Frage der Zeit, bis einschneidende Maßnahmen diesen Service verbessern sollen und kundige Arbeitskräfte gebraucht werden. Oder: Die Firma, deren Erzeugnisse im Test so schlecht abgeschnitten haben, dass es auf Dauer nicht tragbar sein kann, muss bald handeln.

Wie Sie dieses Wissen nutzen können

- Beobachten Sie Unternehmen, die auffällig in der Kritik stehen. Wenn der Kurswechsel nicht unmittelbar erfolgt, so doch fast immer nach einem gewissen Zeitraum. Schließlich möchte jeder überleben und Gewinne machen. Und alles, was das verhindert, muss abgestellt werden.

Konzentration auf neue oder andere Bereiche

Auch eine Konzentration auf einen bestimmten Bereich oder die Intensivierung einer Tätigkeit kann neue Stellen entstehen lassen – oder aber Positionen, die andere und oft speziellere Kenntnisse erfordern.

Ein Unternehmen ist mit Dienstleistungen rund um die EDV gestartet, möchte sich dann aber auf Hardware konzentrieren, um dadurch größere Firmen anzusprechen. Damit verändern sich die Anforderungen an die Mitarbeiter. Reichten beispielsweise vorher allgemeine PC-Kenntnisse und Erfahrungen in Windows-Administration aus, wird nun sehr viel umfassenderes Know-how und Erfahrung im Umgang mit größeren Netzwerken gefordert.

Ein Führungswechsel steht an

Für diesen Fall gibt es mehrere Möglichkeiten. Manche Chefs nehmen ihre ganze Mannschaft mit, wenn sie einen Job aufgeben. Das ist zum Beispiel in der Werbebranche absolut üblich. Nicht selten wechseln komplette Abteilungen von einer Agentur zur anderen.

Manchmal bringen die neuen Chefs gerne ihre »Spezis« mit oder holen sie nach – ein Prozess, der sich oft über Monate und Jahre hinzieht. Der Grund dafür liegt auf der Hand: Führungskräfte profitieren von loyalen Mitarbeitern. Wer dem Chef dankbar ist und ihn seit langem kennt, macht weniger »Zicken« und trägt Entscheidungen leichter mit. Alteingesessene Mitarbeiter, die von einem neuen Chef übernommen werden, sind dagegen oft widerspenstig, beobachten die Entwicklung kritisch und sträuben sich gegen Neues.

Bei Übernahmen und Umstrukturierungen geschieht es häufig, dass die Mitarbeiter und Chefs zunächst gehalten werden, um Informationen weiterzugeben und die neuen Mitarbeiter damit handlungsfähig zu machen. Später wird die alte Führungsriege dann oft nach und nach ausgetauscht.

Wie Sie dieses Wissen nutzen können

- Stellen Sie sich ruhig während einer Umstrukturierungsphase in einem Unternehmen vor. Es kann durchaus sein, dass auf der einen Seite 700 Stellen abgebaut und auf der anderen 500 neue aufgebaut werden.
- Versuchen Sie im Laufe Ihres Joblebens Fürsprecher zu finden, die Sie auf Positionen nachholen.
- Werden Sie aktiv, sobald Sie davon Wind bekommen, dass ein Führungswechsel stattfindet. Nicht jeder »Neue« hat gleich eine ganze Riege, die sofort mit ihm geht – und dann ist es gut, Alternativen zu haben. Denn auch ein neuer Mitarbeiter ist zunächst ein treuer Mitarbeiter.

Einführung neuer Systeme

Da ist das Unternehmen, das auf SAP umstellt, oder die Firma, die ein neues Kundenzufriedenheits-Managementsystem einführt: Beide verändern sich und haben plötzlich neue Anforderungen an Mitarbeiterkompetenzen. Schulungen allein reichen häufig nicht aus, oft ist auch praktische direkte Erfahrung gefragt. Bringen Sie diese mit, ist das Ihr Vorteil, den es zu nutzen gilt. Ein weiteres Argument: Fast jede Abteilung steht neuen Errungenschaften ablehnend gegenüber. Das hat damit zu tun, dass sich im Laufe der Jahre überall Gewohnheiten einschleichen, die niemand gerne aufgibt. Deshalb schreiben manche Unternehmen den Willen und die Bereitschaft zur Veränderung schon in den Arbeitsvertrag. Wenn Sie diesen von vorneherein mitbringen, haben Sie einen weiteren, direkt nutzbaren Vorteil, wenn das Unternehmen neue, weniger festgefahrene Mitarbeiter sucht.

Wie Sie dieses Wissen nutzen können

- ▸ Wenn Sie erfahren, dass eine neue Technik/ein neues System eingeführt wird und Sie das Geforderte beherrschen bzw. die Erfahrung in diesem für das Unternehmen neuen Bereich mitbringen, stellen Sie sich dort vor (z. B. anrufen, Termin vereinbaren).

Krankheit und Schwangerschaft

Immer noch kehren viele Frauen nach der Elternzeit nicht in den Beruf zurück. Das gilt vor allem außerhalb der Großstädte, wo die Kinderbetreuung häufig schon um 12 Uhr oder 12 Uhr 30 endet und Vollzeit-Angestelltenverhältnisse für Mütter die Ausnahme sind. Deshalb bieten Schwangerschaftsvertretungen oft auch die Chance, den Job langfristig auszufüllen. Hinzu kommt: Einen guten Mitarbeiter, der sich in ein bis drei Jahren bewährt hat, wird kein Unternehmen so ohne weiteres wieder ziehen lassen.

Wie Sie dieses Wissen nutzen können

- ▸ Bis die Stelle einer Schwangeren ausgeschrieben wird, vergehen meist viele Monate. Das vorübergehende Ausscheiden zeichnet sich aber schon viel früher ab. Wenn Sie eine Chance für sich sehen, gibt es zwei Erfolg versprechende Wege: 1. Sie verbünden sich mit der Ausscheidenden, die Sie empfiehlt. In diesem Fall müssen Sie oft viele Ängste aus dem Weg räumen, denn sehr wahrscheinlich möchte die Mitarbeiterin nicht, dass der Nachfolger sich als zu guter Ersatz herausstellt. 2. Suchen Sie den Kontakt zum Abteilungsleiter und bieten Sie sich frühzeitig als Nachfolger an.

Der lange Weg, bis Stellen offiziell werden

Stellen sind nicht »einfach so« da. Gerade neue Positionen entstehen in der Regel langsam. Dieser Prozess gliedert sich dabei in mehrere Phasen.

Phase 1: Bedarf entsteht

Nur wenige Angestellte werfen von heute auf morgen das Handtuch, das ist bei den gültigen Kündigungsfristen auch gar nicht möglich. Der Bedarf an neuen Stellen entwickelt sich häufig über Monate hinweg. In dieser Phase weiß noch niemand im Unternehmen etwas von neuen Jobs, höchstens die Fachabteilung ahnt, dass etwas passieren könnte. Ganz sicher ist die Personalabteilung zu diesem Zeitpunkt noch nicht involviert.

Für Sie heißt das: Versuchen Sie bereits in einer so frühen Phase vorsichtiges Interesse zu wecken. »Ja, es könnte sein, dass wir demnächst jemand brauchen. Aber im Moment ist keine Position zu besetzen« – so oder ähnlich mögen Verantwortliche sich äußern, wenn noch wenig klar und alles möglich ist. Fragen Sie in bestimmten Abständen unaufdringlich nach, bringen Sie sich immer wieder ins Gedächtnis und selbst viel Geduld mit.

Phase 2: Bedarf wird erkannt

Es geht nicht mehr ohne neue Mitarbeiter. Die Pläne zum Umbau sind z. B. ohne einen Angestellten mit Kenntnissen im Bereich Geschäftsprozessmanagement nicht realisierbar. Da der Bedarf in der Regel in einer Fachabteilung entsteht, engagiert diese sich auch dafür, dass die Stelle genehmigt wird. Dafür zuständig sind die nächsthöheren Vorgesetzten. Auch jetzt ist meist noch kein Personaler an Bord.

Agieren Sie wie in Phase 1. Kann sein, dass Sie bereits zu Gesprächen eingeladen werden. Nutzen Sie diese zum gegenseitigen Kennenlernen. Oft haben diese Treffen (noch) nicht den Charakter eines hochoffiziellen Vorstellungsgesprächs.

Phase 3: Stellenprofil bildet sich aus

Welche Anforderungen muss der neue Mitarbeiter mitbringen? Mit dieser Frage beschäftigt sich die Fachabteilung, wenn klar ist, dass es einen neuen Mitarbeiter geben wird. Anforderungen werden besprochen und fixiert. Es ist sehr wahrscheinlich, dass sich in dieser Phase noch viel ändert und die erste Vision vom neuen Mitarbeiter mehrmals überarbeitet wird.

Für Sie heißt das: Gehören Sie zu diesem Zeitpunkt zum Interessentenkreis, können Sie das Profil aktiv mitprägen und eigene Vorschläge einbringen. Gelingt Ihnen das, ist Ihnen der Job schon fast sicher.

Phase 4: Stellenbedarf wird formuliert
Die Anforderungen werden nun an die Personalabteilung weitergegeben oder von einer anderen Stelle – z. B. einer Werbeagentur (!) – formuliert. Standardaussagen zum Unternehmen und zu den gewünschten »Soft Skills« kommen hinzu.

Für Sie heißt das: Wenn Sie da sind, bevor die Anzeige geschaltet wird, können Sie die Schaltung überflüssig machen (wer gibt schon gerne Geld aus, wenn es nicht nötig ist?).

Phase 5: Betriebsrat etc. genehmigen Stelle
Dass die Chefs »Ja« gesagt haben, heißt noch nicht, dass es keinerlei Hürden mehr gibt. So muss auch der Betriebsrat zustimmen, wenn es um die Schaffung neuer Jobs geht. In der Regel wird dieser nicht intervenieren – es sei denn, das Unternehmen hat einen Abbau hinter sich und es gibt genügend interne Mitarbeiter, die in neue Positionen versetzt werden sollen.

Für Sie bedeutet das: Wiegen Sie sich nicht zu früh in Sicherheit. Verlassen Sie sich nicht auf eine »versprochene« Stelle. Gehen Sie freundlich mit dem Betriebsrat um.

Warum Sie spätestens in Phase 3 da sein sollten
Es liegt auf der Hand: Je früher Sie als potenzieller Mitarbeiter im Spiel sind, desto besser stehen die Jobchancen für Sie. Wenn Sie einige Gespräche geführt und zum »Vertrauten« geworden sind, haben es andere Kandidaten schwerer. Allerdings bedeutet das für Sie viel Arbeit. Sie brauchen gute Nerven und ein gesundes Selbstbewusstsein. Einmalige Anrufe bei einem Unternehmen nutzen nichts, Sie müssen dauerhaft Präsenz zeigen, ohne aufdringlich zu sein.

Mir sind mehrere Fälle bekannt, in denen Bewerber vier- bis sechsmal zu Gesprächen – teilweise mit unterschiedlichen Personen – eingeladen worden sind, bevor ein Arbeitsvertrag auf den Tisch kam. Das schaffen Sie nur mit Ruhe und stetem Interesse an diesem Unternehmen – und mit der Einstellung: »Es wäre schön und mir wichtig, wenn es klappt. Ich konzentriere mich aber nicht nur auf diese Chance, sondern suche weiter nach attraktiven Jobs.«

Der verdeckte und der offene Stellenmarkt

Wenn Sie eine der BOB-Strategien für die Jobsuche nutzen, werden Sie sich eher selten für ausgeschriebene Stellen auf dem so genannten »offenen Stellenmarkt« interessieren. Diese erfordern fast immer die Zusendung traditioneller Unterlagen. Aber auch hier gibt es Ausnahmen. Beispiel: Sie erfahren von der ausgeschriebenen Stelle über die Tageszeitung. Ihnen gelingt es dann aber, einen persönlichen Kontakt zu nutzen und sich mit dem Abteilungsleiter direkt zum Gespräch zu verabreden. Oder: Sie entdecken ein Angebot, das nicht zu Ihnen passt. Durch die Anzeige haben Sie aber Namen und Telefonnummer einer Kontaktperson. Diese rufen Sie nun an, um die Arbeitsmöglichkeiten in anderen Bereichen zu erfragen (abgewandelte Initiativstrategie, siehe Seite 99 ff.) oder einen Termin zum direkten Vorstellungsgespräch zu vereinbaren (siehe Terminstrategie, Seite 217 ff.).

Viel effektiver ist es jedoch, früher da zu sein – in einer der Phasen 1 bis 3. Dies eröffnet Ihnen und dem Unternehmen ganz andere Möglichkeiten, miteinander in Kontakt zu treten. Ihre Aufgabe besteht nun darin, die Stellen auf dem verdeckten Stellenmarkt rechtzeitig zu finden. Die meisten Jobs entstehen dort, ohne dass sie jemals in einer Zeitung oder einer Stellenbörse landen. Sie werden einfach so an einen passenden Bewerber vergeben, der schon da war, als der Bedarf akut wurde. Das kann ein Initiativbewerber sein, ein Bekannter der Sekretärin, der Kollege von der Konkurrenz (der auf der Messe einfach mal nachgefragt hat …) oder auch jemand, der sich kürzlich in einem Projekt engagiert hat.

Andere Jobs landen später in einem Stellenmarkt oder zumindest am schwarzen Brett. Behörden sind gesetzlich verpflichtet, Jobs auszuschreiben. Konzerne, die tariflich gebunden sind, verpflichten sich gegenüber dem Betriebsrat häufig selbst, offene Stellen zumindest am schwarzen Brett auszuhängen oder im Internet auszuschreiben. Allerdings ist es gut möglich, dass diese Stellen zum Zeitpunkt der Veröffentlichung schon (fast) vergeben sind – und dass Bewerber sich mit ihren Unterlagen umsonst bemühen. Denn es gibt ja noch jene Bewerber, die in den Phasen 1 bis 3 schon da waren …

Wie groß ist der verdeckte Stellenmarkt?

Offizielle Stellen – etwa das Institut für Arbeitsmarktforschung, das der Arbeitsagentur in Nürnberg angegliedert ist – sprechen von mindestens zwei Drittel aller Stellen, die einfach so unter der Hand vergeben werden. Geht man von der Zahl der ausgeschriebenen Stellen aus, lässt sich das hochrechnen. So waren 2005 laut statistischem Bundesamt allein über die Arbeitsagentur 450.000 Stellen gemeldet. Schätzungsweise weitere 150.000 Stellen finden sich im Internet und in Tageszeitungen. Rechnen Sie 70 Prozent dazu, dann sind es in Wahrheit über eine Million.

Es gibt also etwa zwei Drittel inoffizielle Stellen – das ist ein enormer Anteil, der vor allem qualifizierte Jobs betrifft. Praktische Erfahrungen von Bewerbern, die sagen »Ich habe mich noch nie beworben« oder »Ich bin immer von Job zu Job weitergereicht worden« bestätigen die Theorie. Und auch Firmen geben zu, dass sie sich gerne das teure Inserat sparen, wenn der passende Kandidat schon vor der Tür wartet. Nicht zu unterschätzen ist auch die Zahl derer, die gezielt abgeworben werden oder sich selbst als »wechselbereit« beim Wettbewerb vorstellen. Auch diese Menschen finden Jobs, ohne den offenen Stellenmarkt nutzen zu müssen.

Wie finde ich Stellen auf dem verdeckten Stellenmarkt?
Wenn Sie verdeckte Stellen suchen, müssen Sie sehr aufmerksam sein. Sie sollten regelmäßig Tageszeitungen, Wochenblätter und Branchennachrichten lesen und Indizien für Veränderungen mit Konsequenzen für den Jobmarkt sammeln. Der verdeckte Stellenmarkt ist überall. Um ihn zu sehen, müssen Sie bei wirklich jeder Gelegenheit die Ohren offen halten. Hören Sie hin, sehen Sie hin, lesen Sie zwischen den Zeilen. Werden Sie auf der anderen Seite selbst aktiv. Nur wenn Nachbarn, Bekannte und andere Menschen, mit denen Sie zu tun haben, wissen, was Sie tun, können sie Ihnen Tipps geben. Sie können Ihnen auch nur dann konkrete Hinweise auf neue Stellen geben, wenn Sie wissen, dass Sie suchen. Jobsuche sollte also kein Geheimnis sein – zumindest im privaten Umfeld nicht.

Daneben ist es Ihr »Job«, aktives Networking zu betreiben. Wenn Sie jemanden kennen, der jemanden kennt, der jemanden weiß, der mit dem Geschäftsführer Ihres Traumunternehmens befreundet ist, so haben Sie die Möglichkeit, direkte Beziehungen herzustellen. Und diese sind oft wertvoller als alle Zeugnisse, Auszeichnungen und sogar Erfahrungen zusammen – oder die beste Ergänzung dazu.

Ein guter Kontakt kann dafür sorgen, dass ein absoluter Quereinsteiger auf einem verantwortungsvollen Posten landet – allein aufgrund guter Beziehungen und weil der Chef dem Bekannten grundsätzlich mehr zutraut als dem Fremden (und seien dessen Referenzen noch so gut).

Einige Anregungen, worauf Sie in dieser Phase der Suche achten sollten:

- Bekannte erzählen Ihnen, dass ein Unternehmer neue Pläne hat.
- Nachbarn haben davon gehört, dass die Firma XY nach ABC umsiedeln wird.
- Ein Freund macht Sie auf den Aushang am schwarzen Brett oder dem Hinweis im Internet aufmerksam.
- In der Kantine hat ein Kollege von neuen Plänen eines Wettbewerbers gehört, die strukturelle Veränderungen nach sich ziehen und neue Jobs schaffen werden.
- In der Zeitung lesen Sie, dass die Firma UZT Betriebsteile nach Osteuropa auslagert und Personen braucht, die die Produktionsstätten aufbauen und überwachen.
- In der Finanzzeitschrift erfahren Sie, dass ein Unternehmen einen Letter of Intent (eine Absichtserklärung im Hinblick auf ein neues Geschäft) unterschrieben hat. Das hat neue Aufträge zur Folge und dürfte einen Boom nach sich ziehen.
- In einem Internetforum lesen Sie von den Plänen einer Firma, sich in einem bestimmten Bereich zu etablieren. Sie bringen die entsprechenden Kompetenzen mit.
- Sie erfahren von der Schwangerschaft einer Kollegin in dem Betrieb, für den Sie gerne arbeiten würden.
- Sie hören, dass eine Agentur neue Aufträge bekommen soll und für diesen Fall dringend und schnell neue Arbeitskräfte braucht.
- Ein neues Projekt, das bisher nur als Konzept besteht, soll umgesetzt werden. Was (bisher) fehlt, sind engagierte Kräfte.
- Sie hören von der Gründung einer freien Schule, die bald sicher auch einen Schulleiter und/oder Lehrkräfte braucht.
- Sie erfahren von neu gegründeten Unternehmen, die schnell wachsen.

Verdeckte Stellen finden – aber wo?

- Beobachten Sie Handelsregistereintragungen. Neue Firmen müssen eine gewisse Größe erreicht haben, um sich bei der IHK zu registrieren.
- Als Handwerker: Schauen Sie bei der Handwerkskammer nach.
- Als Anwalt: Die Anwaltskammern führen Listen von Kanzleien. Es gibt darüber hinaus die Steuerberaterkammer und die Ärztekammer!

- Achten Sie auf Firmenneugründungen, die Branchenverbände registrieren (z. B. Textilwirtschaft).
- Verfolgen Sie die Entwicklung von Firmen, die in Businessplan-Wettbewerben ausgezeichnet werden.
- Besuchen Sie weitere Gründerplattformen und picken Sie sich »Perlen« mit viel Wachstumspotenzial heraus. Von Anfang an dabei zu sein, bietet Ihnen viele Möglichkeiten, sich zu entwickeln!
- Fordern Sie alle Freunde und Bekannte auf, die internen schwarzen Bretter und Intranets im Visier zu halten. Große Firmen haben auch Zeitungen oder gedruckte Informationsblätter, in denen offene Stellen ausgeschrieben sind.
- Lesen Sie Pressemitteilungen von Firmen, die Sie besonders interessieren. Künftige Entwicklungen und Strategie sind hier oft angedeutet. Das gibt Ihnen die Möglichkeit, rechtzeitig zu reagieren. Denn: Die Strategie kommt fast immer vor dem neuen Job.

Mit alternativen Strategien zum neuen Job

Das Prinzip hinter jeder Strategie: Sie müssen ein Gesicht bekommen

Vielleicht sehen Sie aus wie Elke und schreiben so ähnlich wie Peter. Möglich, dass Ihre Nase Erinnerungen an Nelli weckt oder Ihre Augen so tiefgründig sind wie die von Nikolaj. Eines jedenfalls steht fest: Bewerbungsunterlagen lassen jede Menge Spielraum für jede Menge Assoziationen. Und grundsätzlich ist es erst einmal positiv zu bewerten, dass diese Assoziationen da sind. Wer glaubt, in papiernen Unterlagen etwas oder jemand, Nase oder Augen, Kompetenz oder Vertriebsstärke, wiederzuerkennen – bewusst oder unbewusst –, hat ja schon fast Vertrauen gefasst. Dieses Vertrauen führt oft eher zu einer Einladung zum Vorstellungsgespräch als die einschlägige Berufserfahrung oder das Spezialwissen. Das würden Personaler natürlich nie zugeben.

Aber: Meist kommt es gar nicht so weit. Je mehr Bewerbungen eingehen, desto weniger Zeit bleibt für den individuellen Eindruck. Ein Haufen mit Hunderten oder Dutzenden von Mappen ist anonym. Mit etwas Glück und wenn der Stapel nicht zu hoch ist, fällt die oberste Mappe ins Gewicht, weil sie einfach öfter betrachtet wird als die anderen. Oder eine, die zufällig oder absichtlich neben dem Stapel liegt ...

> **Meine Erfahrung**
>
> Ich musste immer auf dieses Deckblatt schauen, auf das Gesicht und den Namen. Valeska. Ich habe meinen Chef dann überzeugt, dass wir sie einladen. Sie war auch persönlich überzeugend, ein richtiger Sonnenschein.
>
> *Petra, Chefsekretärin*

Den wirkungsvollsten und nachhaltigsten Eindruck hinterlässt natürlich der Mensch in seiner Gesamtpersönlichkeit – wie er spricht er hat, wie er aussieht, welches Parfum er trägt und welchen (dezenten) Körpergeruch er hat, wie er wirkt (kompetent, freundlich, überzeugend). Dieser ganzheitliche Eindruck ist das, was haften bleibt. Er weckt Gefühle und Erinnerungen, schafft Vertrauen. Das Gesicht als »Stellvertreter« dieses Gesamteindrucks ist das Einstellungskriterium schlechthin. Und erst wenn ein Bewerber sich persönlich vorstellt, bekommt er ein Gesicht.

»Sie hatte einen festen Blick, ist mir nie ausgewichen. Ich habe sie spontan zur Hospitation eingeladen«, sagt die Kindergartenleiterin nach dem ersten Gespräch mit der Bewerberin.

Für die Beurteilung eines Bewerbers ist das letztendlich wichtiger als die Tatsache, dass die Berufserfahrung mit den Anforderungen übereinstimmt. Nur so ist zu erklären, dass die Krankenschwester den Einstieg in die Werbebranche schafft und der Eventmanager ohne irgendeine Vorerfahrung im Vertrieb plötzlich als Key Account Manager für einen Discounter arbeiten darf.

Je kleiner und familiärer der Betrieb ist, desto emotionaler fällt dabei häufig die Beurteilung aus.

»Sie war einfach unheimlich sympathisch, so fröhlich. Die mussten wir einfach einladen.« Solche Aussagen sind die Regel und nicht die Ausnahme, vor allem wenn Sie sich vor Augen halten, dass 90 Prozent aller Arbeitnehmer bei kleinen und mittelständischen Firmen tätig sind, deren Personalauswahl überwiegend bauchgesteuert ist.

Für Sie ist es gut, wenn man Sie mehr als einmal wahrgenommen hat, mehr von Ihnen kennt als einen Lebenslauf: Einem Bewerber mit Gesicht sagt man nicht mehr so einfach ab. Deshalb ist es wichtig, dass Sie erst einmal ein Gesicht bekommen.

Meine Erfahrung

Ich weiß, das war auch eine Portion Glück: Ich habe eine Wohnungsbaugesellschaft ausgewählt, die ich von meinem früheren Arbeitgeber kannte. Ich habe einfach so angerufen und durfte sofort vorbeikommen. Am Telefon habe ich gesagt, dass ich Architektin bin, spezialisiert auf die Leistungsphasen 5 bis 9, und auf der Suche nach einer Stelle als technische Mitarbeiterin. Später habe ich erfahren, dass an diesem Tag jemand gekündigt hat. Aber der Chef hat mir versichert, dass er mich auch sonst eingeladen hätte. Im Gespräch habe ich gesagt, dass ich als Mutter von drei Kindern gerne nur 30 Stunden arbeiten würde. Auch das war kein Problem. Ich denke, gerade dieser Punkt wäre in Bewerbungsunterlagen ganz anders rübergekommen. So konnte ich flexibel reagieren und auf die unterschiedlichen Fragen von Chef und technischem Leiter individuell und charmant eingehen.

Susanna, 37 Jahre

Vier Grundregeln, die für alle Strategien gelten

1. Zeigen Sie sich.

Bringen Sie Unterlagen persönlich vorbei, unterhalten Sie sich mit Mitarbeitern des Unternehmens – auch wenn Sie nicht sofort zum Chef vordringen. Sie gewinnen auf diese Weise oft Verbündete, die sich für Sie einsetzen – so wie die Chefsekretärin einer Holzfirma, die die Bewerberin nach einem Initiativanruf am Telefon persönlich darüber aufklärte, mit welchen Informationen Sie beim Personalleiter »landen« würde. »Schreiben Sie, dass Sie unsere Firma von der Großbaustelle Allersheim kennen. Ich leite das dann weiter.« Die Einladung zum Gespräch folgte zwei Tage später.

Überlegen Sie, was Sie sagen können, wenn Sie beim nächsten Mal persönlich bei Ihrer Wunschfirma vorbeigehen.

Ich möchte sagen, dass ...

So kommen Sie auf eigene Ideen

- ▶ Wenn Sie sich in einer fremden Stadt bewerben wollen: Haben Sie vielleicht in nächster Zeit einen Termin dort oder planen einen Besuch? Warum die Zeit nicht zu einem Kennenlerngespräch nutzen?
- ▶ Ist das Unternehmen, von dem Sie wissen oder vermuten, dass es Mitarbeiter sucht, in der Nähe Ihres Wohnorts? Bringen Sie eine schriftliche Bewerbung persönlich vorbei.
- ▶ Wohnt der Chef gleich über die Straße? Stecken Sie ihm doch mal einen Zettel in die Brötchentüte.
- ▶ Kennen Sie jemand, der im Unternehmen arbeitet? Verabreden Sie sich doch einfach einmal zum Essen in der Kantine und lassen Sie sich dem Personalentscheider vorstellen.

2. Lassen Sie von sich hören.

Suchen Sie den persönlichen Kontakt, wann immer das möglich ist. Rufen Sie – auch mehrmals – an. Behandeln Sie potenzielle Arbeitgeber, die Sie im Initiativgespräch zumindest so weit gewinnen können, dass Sie sich innerhalb eines bestimmten Zeitraums erneut melden dürfen, besonders aufmerksam. Bringen Sie sich in Erinnerung, vielleicht einfach nur durch eine Karte oder einen Brief zwischendurch. Der Effekt ist immer ähnlich, sofern Sie es schaffen, mit Ihren »Werbebriefen« positiv und unaufdringlich rüberzukommen. Beim ersten Mal kennt Sie niemand, beim zweiten Mal hört man bei Ihrem Namen schon genauer hin und beim dritten und vierten Mal sind Sie fast vertraut und können sofort eingeordnet werden. Überraschen Sie, indem Sie nicht immer die gleichen Fragen stellen oder indem Sie etwas Unerwartetes sagen. »Ich wollte Ihnen einfach noch einmal einen schönen Urlaub wünschen.« Sie ahnen nicht, wie so etwas nachwirkt. Trauen Sie sich.

Was können Sie tun, um einen warmen Kontakt warm zu halten?

Ich könnte ...

_____

_____

_____

So kommen Sie auf eigene Ideen

▶ Halten Sie regelmäßigen Kontakt, auch dann, wenn kein akuter Bedarf nach einem Mitarbeiter mit Ihren Qualifikationen besteht (das kann sich schnell ändern). Fragen Sie nach jedem Telefonat: Darf ich mich in (vier oder sechs) Wochen noch einmal bei Ihnen melden? Oder: Treffe ich Sie auf der Messe XY? Vielleicht sehen wir uns auf dem Kongress?
▶ Der Chef war krank? Wünschen Sie gute Besserung, erkundigen Sie sich nach seinem gesundheitlichen Befinden. Knüpfen Sie überhaupt stets an Gesprächsinhalte an. Dazu ist es unbedingt nötig, diese auch schriftlich festzuhalten und mit einem Wiedervorlagesystem zu überarbeiten.

- Beim letzten Gespräch war unklar, in welche Richtung sich das Geschäft weiterentwickeln würde. Beobachten Sie die aktuelle Entwicklung durch Umhören und regelmäßige Lektüre von Tageszeitungen. Und werden Sie aktiv, wenn sich etwas tut – z. B. wenn ein neues Produkt auf den Markt kommt.

3. Erzählen Sie auch Persönliches von sich.

Sie sind besser »merkbar«, wenn Ihr Gesprächspartner etwas mit Ihnen verbinden kann, sei es das Hobby »Segeln«, die regionale Herkunft (»ja mei, a bayer«), das Ehrenamt oder die Liebe zu kaltem Pfefferminztee. Natürlich laufen Sie damit immer auch Gefahr, nicht so gut anzukommen. Diese ist aber weitaus geringer als die Chance, sich einen ganz dicken Bonuspunkt zu sichern. Wer profillos ist, an den kann man sich auch schlechter erinnern. Wer dagegen ein Profil hat und zeigt, schafft sich in vielen Fällen einen deutlichen Sympathievorteil.

Machen Sie sich bewusst, was Sie persönlich auszeichnet und was das Besondere an Ihnen ist.

Mich persönlich zeichnet aus, dass ...

_____

_____

_____

Das Besondere an mir ist ...

_____

_____

_____

So kommen Sie auf eigene Ideen

- Fragen Sie Bekannte und (ehemalige) Kollegen: »Was ist eigentlich das Prägnante an mir?«
- Fragen Sie insbesondere auch flüchtige Bekannte.
- Lassen Sie sich von einer neutralen Person wie einem Coach eine Einschätzung geben.

4. Betonen Sie das, was Sie als Mensch und Mitarbeiter auszeichnet.

Vielleicht sind Sie besonders sorgfältig bei der Arbeit, extrem charmant und positiv oder können andere begeistern. Hauptsache, Ihre vordergründige Eigenschaft passt zum Job und zu Ihnen und reflektiert wirklich das, was Sie auszeichnet.

Was braucht das Unternehmen (vermutlich) und was können Sie bieten?

Das Unternehmen braucht:

_____

_____

_____

Ich kann bieten:

_____

_____

_____

So kommen Sie auf eigene Ideen

- ▶ Auch hier hilft im ersten Schritt wieder die Einschätzung von neutralen Personen oder Kollegen.
- ▶ Darüber hinaus müssen Sie möglichst viel über das Unternehmen und seinen individuellen Stil, seine Visionen und »Einstellungen« herausfinden.

Achtung: Grenzen sind hier wie überall leicht überschritten. Ein klein wenig »Zuviel« – tägliche Anrufe oder ein Interesse am Job, das wie Anbiederei daherkommt – und schon wirken Sie aufdringlich. Versuchen Sie ein gesundes Mittelmaß.

Ihr individueller Kompetenzcocktail

In jedem Beruf spielt ein bestimmter Mix aus Kompetenzen sowie Persönlichkeit eine Rolle. Dieser Mix ist wie ein Cocktail: Er muss richtig dosiert sein, um dem Arbeitgeber und den Kollegen gut zu schmecken.

Die Anteile sind dabei häufig unterschiedlich dosiert. Sowohl an Ausbildung und Erfahrung als auch an Persönlichkeit werden unterschiedliche Anforderungen gestellt. Denken Sie nur an Sätze wie »Idealerweise verfügen Sie über zwei bis drei Jahre Berufserfahrung« in manchen Stelleninseraten. Die Intensität, Dauer und Ausprägung von Inhaltsstoffen kann variieren. Und auch der Mix: Bei einem Ingenieur der Nachrichtentechnik ist die Ausbildung und Erfahrung häufig wichtiger als die Persönlichkeit. Bei einer Arzthelferin entscheidet dagegen oft allein das Auftreten (und leider nicht selten auch das Alter). Kenntnisse und Uni- oder Berufsabschluss sind auch dann sekundär, wenn es um Empfangstätigkeiten geht.

Was ist Ihr persönlicher Mix?

Wissen Sie es? Dann können Sie dieses Unterkapitel getrost überlesen. Falls nicht, halten Sie einmal kurz inne und denken Sie nach. Beschränken Sie sich auf maximal sechs Argumente – mehr kann sich Ihr jeweiliges Gegenüber ohnehin nicht merken.

Mein Mix:

1. _____

2. _____

3. _____

4. _____

5. _____

6. _____

Was ist Ihr Geschmack?

In jedem Cocktail dominiert ein Geschmack wie das Zitronige im Caipirinha oder der nach Bitter Orange im Tequila Sunrise. Überlegen Sie, was Ihr individueller Geschmack ist. Halten Sie sich dabei vor Augen, dass Menschen Sie häufig nur auf einen einzigen Bereich reduzieren: Das ist die »Taffe«, die »Kompetente« oder der »Nette«. Versuchen Sie nicht krampfhaft, anders zu sein oder einen Eindruck zu erwecken, der unglaubwürdig wirkt. Sie sind als Mensch leichter »verständlich«, wenn Sie sich erst einmal auf eine Dimension konzentrieren.

Mein Geschmack: _____

_____

_____

Wenn Sie sich ohne Bewerbung bewerben, werden Sie vielfach ins Gespräch kommen – ob am Telefon oder mündlich. Auch für die schriftliche Kommunikation gelten die folgenden Tipps, die Sie in jedem Fall und überall beherzigen sollten.

Ihre innere Einstellung und Ihr Verhalten

Wenn Sie sich ohne Bewerbung bewerben, werden Sie vielfach ins Gespräch kommen – ob am Telefon oder mündlich. Auch für die schriftliche Kommunikation gelten die folgenden Tipps, die Sie in jedem Fall und überall beherzigen sollten.

Sie sind kein Bittsteller, sondern haben etwas Gutes zu bieten

»Haben Sie einen Job für mich?« Oder: »Haben Sie Bedarf?« Solche Fragen befördern Sie mit nahezu 100-prozentiger Sicherheit vom Telefonhörer ins (Gesprächs-)Aus. Sie müssen ins Gespräch kommen, Anrufe als Bereicherung sehen, und nicht als schnelle Antwortbeschaffungsmaßnahme oder gar als Selbstbestätigung, dass Anrufe eben doch »blöd« sind und dass es so nicht geht.

Doch viele Bewerber zwingt allein der Gedanke daran auf die Knie. Sie fühlen sich als Bittsteller, nicht als jemand, der etwas zu bieten hat – ein Glücksfall für das Unternehmen, die Abteilung, Chef und Kollegen. Nur mit diesem Selbstbewusstsein wird die offensive Ansprache funktionieren. Halten Sie sich das jeden Tag vor Augen. Fragen (und denken) Sie deshalb nie; »Haben Sie einen Job für mich?«, sondern: »Ich mache Ihnen ein gutes Angebot mit meinem Bündel aus Fachkompetenz, Persönlichkeit und beruflicher Erfahrung.«

Verabschieden Sie sich vom Bewerberdeutsch
»Ich möchte mich bewerben« ist genauso schädlich wie die doppelte und dreifache Kennzeichnung von Unterlagen mit dem Wort »Bewerbung« – auf Anschreiben, der Mappe und im ersten Satz. Ändern Sie Ihr Vokabular so, dass das Bewerben darin nicht mehr vorkommt. »Ich bin daran interessiert, meine Kompetenz für Ihr Unternehmen einzusetzen« – das klingt doch viel selbstbewusster, oder? Dieser Rat gilt vor allem für Zeiten wie diese, in denen Firmen sich oft nicht über (neue) Bewerber freuen, sondern vom Ansturm überfordert sind und entsprechend genervt reagieren.

Nerven Sie nicht
Es ist eine Kunst, einerseits direkt und selbstbewusst aufzutreten und sich andererseits so zu verhalten, dass es sympathisch und nicht aufdringlich wirkt. Wichtig in diesem Zusammenhang: Halten Sie sich an Vereinbarungen, was den erneuten Kontakt betrifft (und treffen Sie diese!). Auf die Frage »Darf ich Sie in einer Woche noch einmal anrufen?«, werden Sie wahrscheinlich kein »Nein« hören, aber vielleicht ein »Ja« oder ein »Ja, aber besser erst in 14 Tagen«.

Nur die Ruhe und Geduld!
Wenn Sie sich mit einer der BOB-Strategien bewerben, werden Sie nicht morgen schon den Arbeitsvertrag unterschreiben. Es wird länger dauern, bis Sie Erfolg haben, vielleicht Monate und möglicherweise sogar ein ganzes Jahr. Vielleicht müssen Sie nicht nur ein- oder zweimal, sondern fünf- bis zehnmal mit dem potenziellen Arbeitgeber sprechen. Sie sind außerdem gezwungen, am Ball zu bleiben, und dürfen nicht erwarten, dass ein einziger, einmaliger Kontakt Arbeitsplatz-Wunder bewirkt. Sie müssen sich darauf einstellen, mehr zu tun, und sich mit dem Gedanken anfreunden, dass nicht jede Aktion gleich zum Erfolg führt.

Seien Sie sicher: Die Arbeit, die Sie in das Suchen und Finden geeigneter Stellen stecken, lohnt sich mit Sicherheit. Stellen, die Sie selbst, aus eigener

Neigung und aus Interesse ausfindig machen, sind meist ideal auf Sie zugeschnitten. Ein weiterer Vorteil dieses Weges: Sie gehen keine faulen Kompromisse ein. Und wenn Sie sich nur auf Stelleninserate bewerben, finden Sie möglicherweise erst in anderthalb Jahren oder vielleicht sogar nie einen Job.

Sich für BOB aufstellen

Bevor Sie sich bewerben – ob mit oder ohne Bewerbung –, sollten Sie sich aufstellen. Dazu gehört die Beschäftigung mit dem eigenen Lebenslauf. Es gibt zwei mögliche Wege. Der erste führt über das berufliche Ziel hin zum eigenen Lebenslauf. Definieren Sie dieses möglichst konkret und gehen Sie dann den Lebenslauf Schritt für Schritt durch. Die Kernfrage dabei: Was habe ich getan, das meinem beruflichen Ziel dient? Beziehen Sie Tätigkeiten, Ausbildungen, Weiterbildungen, ehrenamtliches Engagement, Auszeichnungen etc. mit in Ihre Gedanken ein. Erstellen Sie dann eine Liste.

Was habe ich getan, das meinem beruflichen Ziel dient?

1. _____

2. _____

3. _____

4. _____

Überarbeiten Sie vor dem Hintergrund dieser Liste Ihren Lebenslauf. Betonen Sie die Stationen, die dem Ziel auf die »Beine« helfen. Streichen Sie Etappen, die eher verwirren und vom Weg abbringen, solange dadurch keine Lücken entstehen. Andernfalls versuchen Sie einen Bezug herzustellen. Grundfrage: Welches Wissen und welche Erfahrung aus dieser Tätigkeit ist mir auch heute noch dienlich?

Die zweite Möglichkeit bietet sich dann an, wenn Sie sich über das Ziel nicht im Klaren sind. Analysieren Sie Ihre bisherigen beruflichen Stationen genau. Was haben Sie in den jeweiligen Positionen und Funktionen getan?

Welche Tätigkeiten haben Sie ausgeübt, was genau haben Sie gemacht? Denken Sie in Verben. Gehen Sie in Gedanken einen ganzen Tag durch und zerlegen Sie diesen in einzelne Handlungen. Schreiben Sie diese Handlungen auf.

In welchen Berufen und Branchen wird das gebraucht, was Sie konkret getan haben? Wohin können Sie sich glaubwürdig verändern? Schreiben Sie auf, was Ihnen ad hoc einfällt. Informieren Sie sich dann über die so ermittelten Möglichkeiten – etwa über Bekannte oder das Internet – und erstellen Sie Anforderungsprofile. Bringen Sie mit, was in den Jobs erwartet wird? Wenn Sie vermuten, dass dem so sein könnte, suchen Sie Inserate (auch ältere), in denen jemand mit diesem Profil gesucht worden ist. Stimmt Ihr Profil damit überein? Sind die Kompetenzen kongruent? Falls ja: Wunderbar, legen Sie los. Falls nein: Wo fehlt es? Können Sie etwas tun, um den Mangel auszugleichen – oder müssen Sie diesen »Job« als Träumerei aus Ihrem Kopf streichen?

Sich eigener Präferenzen bewusst werden
Sind Sie initiativ und kommunikativ, leben Sie davon, Schnittstelle zu anderen Menschen zu sein? Oder geht es Ihnen darum, zu führen und in der ersten Reihe zu stehen? Sind Sie ein Macher, aber keiner, der gerne (an-)leitet? Oder interessieren Sie vor allem die Detailaufgaben, die ein gewissenhaftes Herangehen erfordern? Bevor Sie sich bewerben, müssen Sie darüber Klarheit haben, denn nur dann kann Ihre Bewerbung – gleich welcher Art – erfolgreich sein. Wer etwas gerne macht, macht es gut. Es ist sehr wahrscheinlich, dass Sie in Jobs, die Sie nur halbherzig ausüben, scheitern oder ewig frustriert sein werden.

Einige kleine Entscheidungshilfen. Kreuzen Sie an, was zutrifft, beliebig viele Antworten sind erlaubt:

Ich bin eher	☐ Macher
	☐ Mann/Frau im Hintergrund
Ich	☐ liebe Detailarbeit
	☐ hasse Detailarbeit
	☐ plane gern und denke strategisch
	☐ denke eher kurzfristig an schnelle Lösungen
	☐ berate gern
	☐ koordiniere gern
	☐ präsentiere gern
	☐ bringe gern kreative Ideen ein
	☐ entscheide gern

| Ich | ☐ identifiziere mich mit dem Thema oder der Sache
☐ identifiziere mich mit Menschen
☐ identifiziere mich mit Zielen
☐ identifiziere mich mit Ethik und Moral
☐ führe gern
☐ brauche Anleitung

☐ _____

☐ _____ |

Erweitern Sie diese Liste. Schreiben Sie sich die Punkte heraus, die Sie angekreuzt haben. Bringen Sie diese in eine Hitliste und fragen Sie sich, was der jeweilige Punkt für Ihr Berufsziel und die weitere Karriereplanung konkret bedeutet.

Beispiele

- Sie haben »Ich hasse Detailarbeit« angekreuzt und an erste Stelle gesetzt. Stürzen Sie sich nicht in Projekte, die einen hohen Koordinierungsaufwand bedeuten. Suchen Sie lieber Aufgaben, in denen Sie den Rahmen vorgeben.
- »Ich identifiziere mich mit dem Thema oder der Sache«: Überlegen Sie, mit welchen Themen und Sachen Sie zu tun haben wollen, indem Sie gedanklich einzelne Branchen durchgehen, die für Sie in Frage kommen.

Sich der eigenen Möglichkeiten bewusst werden

So hart es klingt: Es geht nicht alles. Manche beruflichen Wünsche sind unerfüllbar. Das hat auch mit Branchenbindung zu tun. Wer jahrelang in der Baubranche tätig war, wird nicht ohne weiteres auf den Finanzsektor wechseln können. Bestimmte Branchen sind wenig durchlässig und lassen kaum Quereinsteiger zu. Ein Quereinstieg sollte deshalb auch nie »total« sein. Schauen Sie lieber nach Berührungspunkten. Das geht am besten, indem Sie in Gedanken um Ihre Tätigkeit und um die Branche nicht zu weite Kreise ziehen.

Die Strategien im Überblick

Strategie	Motto	Für welche Jobsuchenden geeignet?
Angebotsstrategie	Ich schlag was vor.	Für alle
Community-Strategie	Ich gehe online.	Für internetaffine Köpfe aller Herkunft und »Art«
Elfenstrategie	Ich mache mich sichtbar.	Für alle, speziell Multitalente mit breiter Erfahrung und ungeradem Lebenslauf
Gesuch-Strategie	Ich werde gefunden.	Für alle
Abgewandelte Initiativstrategie	Ich ruf an oder komme vorbei.	Für alle: Anrufen. Einfache Qualifikationen: Vorbeikommen
Expertenstrategie	Mein Ruf eilt mir voraus.	Akademiker und andere Hoch- oder sehr speziell Qualifizierte
Jobbuilder-Strategie	Ich back meinen Job selbst.	Für Akademiker, sozial und gesellschaftlich engagierte Menschen, denen Geld nicht so wichtig ist
Headhunter-Strategie	Hasch mich.	Menschen, die Karriere machen (wollen)
Kreativstrategie	Ich fall auf.	Für alle
Freie-Mitarbeit-Strategie	Ich bin so frei und erst mal dabei.	Für alle, vorwiegend kreativer Bereich
Netzwerkstrategie	Ich kenn wen, der wen kennt.	Für alle
Projektstrategie	Ich pack an.	Für alle
Schneeballstrategie	Ich löse eine Kettenreaktion aus.	Für alle
Seniorenstrategie	Ich schaff noch was!	Alle über 40
Auslandsstrategie	Ich hau ab.	Für die, die eine Vorliebe für ein bestimmtes Land haben und idealerweise dessen Sprache beherrschen
Terminstrategie	Ich mach was klar.	Für alle
Kombinierte Strategien	Ich misch mir was.	Für alle

Erreicht welche Unternehmen	Dauer, bis es wirkt	Aufwand/Kosten
Alle	Mittelfristig, bis zu sechs Monate, u. U. länger	Je nach Variante gering bis extrem zeitaufwendig, eventuell geringe Investitionen nötig
Überwiegend technikaffine	Von sofort bis zu zwei Jahren	Sehr zeitaufwendig, Kosten nur für Internetnutzung
Kleine und mittelständische Unternehmen	Langfristig, bis zu ein Jahr und länger	Hoch, keine Kosten
Alle	Kurzfristig	Gering, Kosten bis zu 100 Euro
Alle	Kurz- bis mittelfristig	Keine Kosten, wenig Aufwand
Alle	Mittel- bis langfristig	Keine Kosten, hoher Aufwand
Vorwiegend Institutionen, Vereine, Stiftungen. Es gibt auch eine privatwirtschaftliche Variante	Kurz- bis sehr langfristig (zwei Jahre und mehr)	Mittlerer bis hoher Aufwand, geringe kosten möglich
Konzerne und mittelständische Unternehmen	Kurz- bis mittelfristig	Geringer Aufwand
Alle	Kurzfristig	Geringer Aufwand
Alle, häufig aber Mittelstand, Agenturwesen	Kurzfristig	Geringer Aufwand
Alle	Kurz- bis langfristig	Mittlerer bis hoher Aufwand
Alle, häufig institutioneller Bereich	Kurzfristig	Geringer bis mittlerer Aufwand
Alle	Kurz- bis mittelfristig	Geringer bis mittlerer Aufwand
Alle	Kurz- bis langfristig	Kommt drauf an
Alle – länderspezifische Besonderheiten siehe Übersicht	Kurz- bis langfristig	Recht hoch, geringe Kosten
Alle, aber am besten Mittelstand	Kurzfristig	Geringer Aufwand
Alle	Je nach Kombination	Je nach Kombination

Die Angebotsstrategie

Motto: Ich schlag was vor

Was diese Strategie ausmacht

Anstatt sich als Bewerber vorzustellen, unterbreiten Sie Ihrem Wunscharbeitgeber ein jobbezogenes Angebot. Es kann das Angebot sein, ein Praktikum zu machen, Ihre Arbeitskraft zu testen oder sich ein neues Absatzgebiet zu erschließen. Welches Angebot Sie machen, hängt dabei von Ihrer bisherigen beruflichen Erfahrung ab, also von dem, was Sie zu bieten haben.

Sehen Sie diese berufliche Erfahrung als Schatz. Der Arbeitgeber betrachtet Ihre Persönlichkeit, Ihre Arbeitskraft und Ihr Wissen als eine wertvolle Ressource.

Fragen Sie sich,

- was dem Unternehmen fehlt,
- was es nicht optimal nutzt und
- was Sie aus Ihrem Schatz bieten können,

um dem Unternehmen nützlich zu sein. Was hat die Firma, bei der Sie sich vorstellen, von Ihnen und Ihrem Wissen? Sie gehen dabei vor wie ein Versicherungsmakler: Zunächst untersuchen Sie die Ist-Situation auf Seiten des Unternehmens. Der Versicherungsmakler fragt: Welche Versicherungen gibt es? Wie sinnvoll ist es, diese zu haben? Gibt es günstigere Varianten? Fehlt vielleicht sogar eine Versicherung, die Sie unbedingt brauchen?

Sie fragen:

- Wie stellt sich die Situation des Unternehmens allgemein oder in der für Sie relevanten Abteilung dar?
- Wie sinnvoll sind die Abläufe?
- Gibt es Möglichkeiten, Geld einzusparen, zu wachsen, das Image zu verbessern?
- Fehlt etwas, das der Wettbewerb bereits hat oder was in anderen Ländern längst gang und gäbe ist?

Hintergrund
Wir brauchen niemand! Viele Firmen schmettern Bewerber so schon am Telefon ab. Tatsächlich besteht oft kein akuter Bedarf an Bewerbern. In vielen Unternehmen läuft seit Jahren alles gleichförmig ab. Es gibt gute Zeiten und schlechtere Zeiten. Es verändert sich aber letztendlich relativ wenig. Dies ist in vielen mittelständischen Firmen so und auch manch größeres Unternehmen hält Jahre einen Dornröschenschlaf, ehe es gekauft wird oder sich aufgrund veränderter Marktsituationen wandeln muss.

Bedarf entsteht erst, wenn sich etwas bewegt, wenn neue Wege beschritten oder »Äste« beschnitten werden sollen. Der Wunsch nach Veränderung schlummert zwar in vielen Köpfen, ist aber oft nicht sehr konkret. Er wird entweder nicht richtig wahrgenommen oder herausgeschoben. Erst wenn jemand von außen den oder die Verantwortlichen auf den Geschmack bringt, also einen konkreten Anstoß bietet, kommt Bewegung ins Spiel. Und immer wenn das der Fall ist, entstehen neue Stellen. Ihr Job ist es, da zu sein, wenn sich etwas bewegt – oder selbst die Dinge ins Rollen zu bringen.

Wann sich die Angebotsstrategie empfiehlt

Wenn Arbeitgeber eigentlich keinen Bedarf nach neuen Arbeitskräften haben, ist die Angebotsstrategie das geeignete Mittel. Der Arbeitgeber hat noch kein Problem erkannt – Sie aber sehr wohl. Ihre Aufgabe ist es, ihm nun bewusst zu machen, dass er etwas verpasst, wenn er nicht – mit Ihrer Hilfe – aktiv wird.

Für wen sich diese Strategie eignet

Die größten Erfolge werden Sie mit dieser Strategie haben, wenn Sie sich im Mittelstand oder bei kleineren Firmen bewerben. Sie selbst sollten fachlich kompetent sein und das Problem lösen können, auf das Sie aufmerksam gemacht haben. Sie beweisen Ihr Können eher »by doing«, daher sind formale Abschlüsse natürlich wie überall im Berufsleben zwar auch hilfreich, aber letztendlich weniger wichtig.

Wann diese Strategie wirkt

Die Angebotsstrategie braucht Zeit. Es ist selten, dass Ihnen sofort nach Unterbreiten eines Jobvorschlags der Arbeitsvertrag unter die Nase gehalten wird – es sei denn, Sie bieten ein Praktikum oder einen »Test« Ihrer Arbeitskraft an. Oft müssen Sie immer wieder nachfassen, mehrere Termine vereinbaren und dauerhaftes Interesse zeigen. Vom ersten Angebot bis zum Erfolg kann gut und gerne ein halbes Jahr vergehen.

Welche Chancen diese Strategie bietet

Möglicherweise beginnen Sie zunächst auf selbstständiger Basis oder erhalten einen Zeitvertrag. Vielleicht sind Sie aber auch so überzeugend, dass Sie direkt voll und zeitlich unbegrenzt einsteigen können. Dies ist von der jeweiligen Branche, dem Angebot und natürlich auch von Ihrem Verhandlungsgeschick abhängig.

Welche Risiken diese Strategie birgt

Es ist möglich, dass die Idee, die Sie in Ihrem Angebot verpacken, vom Arbeitgeber geklaut und ohne Rücksprache übernommen wird. Damit Ihnen das nicht passiert, sollten Sie nicht gleich zu Anfang Ihr ganzes Pulver verschießen. Bringen Sie kurz und bündig die Vorteile zum Ausdruck, die der Arbeitgeber aus Ihrer Idee ziehen kann. Bieten Sie aber keine Rundum-Konzeption und lüften Sie auch keine Geheimnisse. Ganz nach dem Motto: Appetit machen – ja, Hunger stillen – nein. Ideal ist es, wenn Ihre Fachkompetenz so groß ist, dass andere die Idee gar nicht umsetzen können. Stellen Sie sich als fachkompetente Person dar, die aus Erfahrung weiß, was zu tun ist.

In vielen Bereichen spielen auch Kontakte die entscheidende Rolle. Wenn Sie einen guten Draht zu Zulieferern oder Informanten Ihrer Branche haben, wenn Sie dank Vitamin B gute Preise vereinbaren können oder kraft Ihrer Person Dinge ermöglichen können, die andere nicht erreichen, haben Sie gute Job-Karten. Wenn Sie Einkaufsquellen kennen, von denen andere keine Ahnung haben – super für Sie. Aber Vorsicht, denn gerade in letztem Fall gilt: Nie nennen, nur nutzen!

Warum stellt der Arbeitgeber nicht ein?

Gehen Sie ein Stück weiter und nähern Sie sich der Frage von einer anderen Seite: Was hindert den Arbeitgeber, einen Mitarbeiter einzustellen? Und: Was können Sie tun, wenn Sie die Gründe kennen?

- Ist es pures Unwissen? Der Unternehmenschef ahnt nicht, dass er Sie braucht? Wie können Sie eine Ahnung und ein Problembewusstsein – Motto: »Wenn wir das jetzt nicht tun, verlieren wir unsere Wettbewerbsfähigkeit« – wecken?
- Ist es die Angst vor einer Bauchlandung? Was tun, wenn der falsche Mitarbeiter eingestellt wird? Sorgen Sie dafür, dass der Arbeitgeber Ihnen vertraut. Arbeiten Sie beispielsweise zur Probe.
- Ist es die Angst, einen Mitarbeiter nicht mehr loszuwerden? Offerieren Sie aktiv einen Zeitvertrag, der es Ihnen ermöglicht, eigene Projekte aufzusetzen, in denen Sie sich bewähren.
- Fürchtet der Arbeitgeber die Personalkosten? Argumentieren Sie mit geringen Kosten. Bieten Sie an, für weniger Gehalt einzusteigen. Sammeln Sie Gründe, warum der Arbeitgeber letztendlich spart und Geld gewinnt, wenn er Sie einstellt.
- Ist es die unsichere Auftragslage, die zögern lässt? Bieten Sie z. B. an, neue Aufträge für die Firma selbst zu beschaffen.

Was anbieten?

Öffnen Sie Ihre Schatzkiste. Darin finden Sie Kompetenz, Erfahrung, Talent, autodidaktisches Wissen, Kontakte, Branchenwissen und Persönlichkeit. Was Sie für Ihr Angebot herausholen, hängt ganz von der individuellen Situation ab und nur vom Bedarf des Unternehmers. Was zeigt ihm, dass Sie der oder die Richtige sind? Berücksichtigen Sie dabei, dass Entscheidungen nie nur rational getroffen werden. Kompetenz allein reicht nicht aus. Und ein bisschen Persönlichkeit sollte immer auch rüberkommen.

Downsizing: Machen Sie sich klein
»Nein, Akademiker wollen wir hier nicht haben. Sie wären ja ohnehin nur auf einer Durchlaufstation.«

Die Angst vor Überqualifikation ist noch verbreiteter als die Furcht, fachlichen Nieten auf den Leim zu gehen. Aber es gibt durchaus Fälle, in denen Bewerber sich wirklich und aus Überzeugung nach »unten« orientieren wollen – vielleicht einfach nur, um ein ausgeglichenes Privatleben zu haben.

Protzen Sie in Ihrem Angebot nicht mit Kompetenzen, fahren Sie vielmehr Ihre Kenntnisse auf die für den Job relevanten zurück und lassen Sie alles andere – etwa ehemalige Jobtitel und Ausbildungsabschlüsse – außen vor. Schreiben Sie z. B. einen Brief, in dem Sie diese Punkte betonen und deutlich zum Ausdruck bringen, dass Sie trotz Ihrer Höherqualifizierung keine Karriereambitionen haben. Sagen Sie offen und ehrlich, was Ihnen wirklich wichtig ist – in dem Fall vielleicht nur ein kleiner, bescheidener und einigermaßen sicherer Job. Wenn Sie so vorgehen, besteht eine gute Chance, dass Ihnen der Wunsch nach Downsizing auch abgenommen wird.

Upsizing: Machen Sie sich groß

Sie sollten sich nicht größer machen als Sie sind, nur ein bisschen auf die Zehenspitzen stellen. Das gilt vor allem, wenn Sie auf eine Position spekulieren, die mehr Erfahrung fordert, als Sie direkt vorweisen können – wenn Sie beispielsweise den Sprung in die Personalverantwortung wagen wollen.

Treten Sie selbstbewusst auf und lassen Sie keinen Zweifel daran, dass Sie das, was Sie vorschlagen, auch selbst umsetzen können. Begründen Sie Ihre Überzeugung, das Angebot realisieren zu können, mit Kompetenz und nicht mit (belegbarer) Erfahrung. Der Vorteil: Weil Sie zunächst persönlich wahrgenommen werden, ist die konkrete Erfahrung in der Regel keine Frage.

Später, wenn Sie dann doch einmal über Ihren bisherigen Berufsweg sprechen, sollten Sie auf keinen Fall lügen. Sie müssen es auch nicht, weil Ihnen – wenn Sie einmal ins Gespräch gekommen sind – ganz sicher auch die Lösung der Aufgabe zugetraut wird.

Kontakte anbieten

In bestimmten Branchen sind Kontakte Gold wert, etwa im Vertrieb. Auch Journalisten, Presseleute und der Einkauf profitieren von guten Kontakten. Möchte ein Unternehmen einen Bereich neu aufbauen, erweisen sich Kontakte oft als das entscheidende Kriterium bei Einstellungen. Nur jemand mit Kontakten kann einen Neuaufbau bewerkstelligen. Das weiß jeder Unternehmer.

Beispiel: Ein Internetunternehmen will den Bereich Automotive ausbauen, hat aber keine Kompetenzen in diesem Bereich, erst recht keine heißen

»Drähte«. Wenn Sie zu den wichtigsten Zulieferern und Autohäusern persönliche Kontakte haben, verfügen Sie hier über einen kaum mehr aufholbaren Marktvorteil.

Kernfragen:

Welche Kontakte besitze ich überhaupt? Denken Sie nach: Oft haben Sie mehr Kontakte vorzuweisen, als Sie denken.

___

___

Inwieweit nutzen meine Kontakte dem Arbeitgeber?

___

___

Inwieweit könnten meine Kontakte dem Arbeitgeber bei der Erschließung neuer Gebiete helfen?

___

___

Manchmal ist es sinnvoll, zumindest in den ersten Gesprächen nicht Ross und Reiter zu nennen – vor allem dann, wenn Kontakte leicht von anderen genutzt werden können. Wenn Sie dem Schmuckhändler verraten, wo italienische Glasperlen günstig bezogen werden können, verspielen Sie Ihren Trumpf – und der Kollege nutzt morgen Ihren Tipp. Für Sie ist dann nichts gewonnen.

Wenn Sie jedoch sagen, dass Sie ein persönlicher Vertrauter des Bundeskanzlers sind, ziehen sie mit dieser Aussage einen Trumpf aus der Tasche. Das Namedropping darf dann gerne konkret sein.

Kompetenz anbieten

Was können Sie besonders gut? Worin sind Sie Fachmann oder Experte? Liegt Ihre Kompetenz in der Blechverarbeitung? Im Vertrieb erklärungsbedürftiger Produkte? In der Mitarbeiterführung? Im Neuaufbau von Filialen? (…) Sammeln Sie Ihre Kompetenzen auf einem Blatt. Berücksichtigen Sie dabei die Kompetenzbereiche.

Was sind Ihre besonderen sozialen Kompetenzen? Denken Sie beispielsweise an die Fähigkeit, auch schwierige Teams zu leiten.

_____

_____

Was sind Ihre besonderen fachlichen Kompetenzen? Gemeint sind die Hard Skills wie bestimmte IT-Kompetenzen.

_____

_____

Was sind Ihre methodischen Kompetenzen? Wie wenden Sie Ihr Wissen an, welche – z. B. didaktischen – Methoden verwenden Sie?

_____

_____

Wie ausgeprägt ist Ihre Handlungskompetenz, also die Fähigkeit, fachliches Wissen auch mit methodischem Know-how in die »Tat« umzusetzen?

_____

_____

Wenn Sie Kompetenz anbieten, sollten Sie betonen, was Sie können – eventuell mit einem Beispiel und Beleg aus früheren Tätigkeiten. Spicken Sie Ihr Angebot mit solchen »Querverweisen«.

Talent anbieten
Manchmal entscheidet wirklich nur das Können, das in diesem Fall von Talent kommt und nicht vom Wissen. Texter und andere Kreative können ihr Talent anbieten, Location Scouts, Regisseure und Drehbuchautoren, Fotografen und Künstler. Wenn Sie Talent in die Waagschale werfen, müssen Sie dieses in erster Linie zeigen. Ihr Angebot sollte also so gestaltet sein, dass es Ihr Talent vor-zeigt. Denkbar ist etwa eine Mappe mit Arbeitsproben.

»Arbeitgeberbestechung«: Geld-Angebote

Soll ich mich tatsächlich unter Wert verkaufen, um dadurch meine Chancen zu erhöhen? Diese Frage wird oft gestellt – und lässt sich nicht pauschal beantworten. Deshalb Rückfragen an Sie: Was ist es Ihnen wert, einen Job zu bekommen? Wie weit würden Sie gehen und welche Risiken einkalkulieren? Klar ist: Es lohnt sich nicht, sich in die Arme eines notorischen Ausbeuters zu begeben. Wer qualifizierte Arbeitskräfte für 700 Euro brutto 40 Stunden arbeiten lässt (so unter anderem vorgekommen bei einem bekannten Versicherungsunternehmen), zugleich aber satte Unternehmensgewinne einfährt, ist für Sie der falsche Ansprechpartner.

Bedenken Sie auch: Wenn Sie sich einmal unter Wert verkaufen, können Sie Ihren Preis oft auf lange Sicht nicht mehr steigern. Deshalb meine Empfehlung: Wenn Ihr Angebot auf den Preis fokussiert ist, so bestimmen Sie zeitgleich ein Verfallsdatum für dieses Angebot und den Normalpreis für die Zeit danach. Vereinbaren Sie dies immer auch schriftlich.

Setzen Sie zudem nie nur auf billig, sondern immer auf »gut«. Filtern Sie Geizhälse und Ausbeuter heraus, aber betrachten Sie Arbeitgeber auch potenzialorientiert (so wie diese es umgekehrt ebenfalls tun sollten). Das heißt: Interessant für Sie sind all jene Unternehmen, die derzeit wirklich knapsen müssen, sich aber in Zukunft sehr gut entwickeln könnten. Das sind beispielsweise junge Unternehmen, die sich erst noch bewähren müssen, oder Unternehmen in einer Umbruch- und Investitionsphase. Hier kann sich Verzicht auf mittlere und lange Sicht auszahlen.

Als Arbeitsloser mit Eingliederungshilfe winken

Für Arbeitgeber gibt es finanzielle Zuschüsse von der Arbeitsagentur, die die Einstellung von arbeitslosen Mitarbeitern fördern sollen. Sie als Jobsuchender sollten diese Maßnahmen kennen, denn es ist längst nicht jedem Unternehmer klar, dass er solche Finanzspritzen beantragen kann. Es gibt zwei Arten von Zuschüssen.

Eingliederungszuschüsse

Diese werden vor allem dann gezahlt, wenn Arbeitnehmer ihren Beruf längere Zeit nicht ausgeübt haben. Die Zuschüsse sollen die »Minderleistungen« ausgleichen. Gefördert wird maximal zwölf Monate, in der Regel kürzer. In dieser Zeit erhält der Arbeitgeber (das kann auch eine Behörde oder ein Verein sein) bis zu 50 Prozent der Lohnzahlung und des Arbeitgeberanteils am Gesamtsozialversicherungsbeitrag.

Für Arbeitnehmer, die mindestens 50 Jahre alt sind, kann der Eingliederungszuschuss in Höhe von bis zu 50 Prozent des berücksichtigungsfähigen Arbeitsentgeltes gem. § 421f Abs. 1 Satz 1 SGB-III sogar für einen Zeitraum bis zu 36 Monaten gezahlt werden!

Zuschuss bei Neugründungen

Existenzgründer werden besonders gefördert, wenn sie einen arbeitslosen Arbeitnehmer oder einen Teilnehmer an einer Weiterbildungsmaßnahme einstellen. Die Gründer dürfen allerdings nicht länger als zwei Jahre selbständig sein. Im Unterschied zum normalen Eingliederungszuschuss wird bei Existenzgründern die maximale Förderdauer von zwölf Monaten häufig ausgeschöpft. Höchstens zwei Arbeitnehmer werden gleichzeitig gefördert. Gerade für kleinere Firmen können diese Sparmöglichkeiten ein starkes Argument sein. Sie gewinnen einen gewissen finanziellen Spielraum, wenn sie einige Monate gar kein Gehalt zahlen müssen oder die Arbeitsagentur einen Zuschuss gewährt.

Seien Sie allerdings auf der Hut vor Arbeitgebern, die einen Arbeitslosen nach dem anderen verschleißen. Dieser »Missbrauch« ist jedoch nur dann möglich, wenn es sich um standardisierte, einfache Tätigkeiten handelt. Alle anderen erfordern eine längere Einarbeitungsphase, deren ständige Wiederholung sich kein Unternehmen auf Dauer leisten kann. Hinzu kommt der König Kunde: Hat er sich einmal an Mitarbeiter gewöhnt, wird er unwirsch, wenn diese plötzlich verschwinden, und spätestens beim zweiten schnellen Wechsel kurz hintereinander extrem misstrauisch.

Beispiel

Die Unternehmensberatung Müller Thurgau hatte fünf feste Mitarbeiter. Als Sekretärin stellte der Chef eine schwer vermittelbare (da langzeitarbeitslose) Mutter ein, die die Arbeitsagentur ein Jahr lang komplett finanzierte. Danach entließ Müller Thurgau die Mitarbeiterin. Dabei hatte er die Rechnung allerdings ohne seine Kunden gemacht, die sich im Laufe des Jahres an den guten Service – freundliche Stimme am Telefon, schnelle Reaktion, immer jemand da – gewöhnt hatten. Der Druck war schließlich so groß, dass er die Mitarbeiterin wieder einstellen und dieses Mal das Gehalt selbst zahlen musste.

Kostenlose Mitarbeit anbieten
Manche Unternehmen lassen Menschen für sich arbeiten, die dafür kein Geld bekommen. Im Gegenzug versprechen sie ihnen Referenzen und erlauben, die Firma als aktuellen Arbeitgeber zu nennen. Damit das Ganze nicht an der unausgefüllten Lohnsteuerkarte scheitert, wird die Tätigkeit häufig als freie Mitarbeit getarnt.

Unternehmen, die Mitarbeiter für null Euro beschäftigen, begründen das oft damit, dass sie kein Geld hätten – und manchmal stimmt das auch. Leider jedoch nicht immer. Die Gratwanderung zwischen dem Wahrnehmen einer Chance und reinem Ausgebeutetwerden ist schwer. Tatsache ist jedoch, dass es gesetzlich für beide Seiten heikel ist, ohne Vergütung für Unternehmen tätig zu werden.

Fakt ist aber auch, dass ein so engagierter Mitarbeiter eine Festanstellung bekommen kann, wenn jemand anderes den Betrieb verlässt. Hier gilt es, Chance gegen Risiko abzuwägen. Tun Sie nichts, bei dem Sie sich unwohl fühlen.

> **Meine Erfahrung**
>
> Der Weiterbildungsbranche geht es mies, das weiß jeder. Ich wollte trotzdem so gern in diesem Bereich arbeiten, es war mein Traum. Ich machte verschiedene Praktika und irgendwann fragte ich das Institut, ob ich nicht ein, zwei Tage in der Woche kostenlos mitarbeiten dürfe. Ich war arbeitslos, mein Selbstbewusstsein im Keller. Ich musste etwas tun. Sie sagten Ja, betonten aber immer wieder, dass sie nichts zahlen könnten.
> Nach ein paar Wochen durfte ich auch Schulungen übernehmen, die mir bezahlt wurden. Und dann, ich war inzwischen in ein Zeitarbeitsunternehmen gewechselt, wurde eine Kollegin schwanger. Man fragte mich, ob ich nicht die Vertretung übernehmen wollte ... Nun bin ich ein halbes Jahr in dem Institut und hoffe, dass meine Vorgängerin sich entscheidet, die vollen drei Jahre Elternzeit zu nehmen. Es gefällt mir so gut, trotz aller Schwierigkeiten.
>
> Anna, Geisteswissenschaftlerin

Praktikum anbieten
Ein Praktikum kann eine echte Chance sein und die Vorstufe zur Festanstellung – vor allem, wenn Sie jung sind und nach Studium oder Ausbildung ganz am Anfang stehen. In diesem Fall ist es sinnvoll, Unternehmen Mitarbeit in Form eines Praktikums anzubieten.

Aber Vorsicht: Unternehmen, bei denen mehr Praktikanten als fest angestellte Mitarbeiter tätig sind, sollten Sie meiden. Bieten Sie sich nur als Praktikant an,

- wenn Sie wirklich noch Erfahrung in dieser Branche oder diesem Umfeld sammeln müssen,
- Wenn Sie nicht nur eine einmalige Aufgabe abarbeiten und mehr tun dürfen als Kaffee kochen oder
- Wenn Ihnen das Praktikum Gelegenheit bietet zu beweisen, was in Ihnen steckt.

Ansonsten gilt: Vorsicht, wenn Sie älter als 30 Jahre sind (Ausnahme: nach Weiterbildungen oder Umschulungen). So, wie Sie sich selbst einstufen, werden Sie oft auch wahrgenommen. Ein hochqualifizierter Mitarbeiter, der ein Praktikum macht, weckt unbewusst Misstrauen oder das Gefühl »Das kann ja nichts sein«.

Business-Plan anbieten

Sie wissen genau, dass es ein neues lukratives Geschäftsfeld gibt? Da ist etwas, das man einfach nur anpacken und machen muss? Und: Da ist jemand, der es umsetzen könnte, wenn er nur davon wüsste ... Das ist Ihr Wunsch-Arbeitgeber (oder vielleicht kommen auch gleich mehrere in Frage).

Er muss nur zupacken und anfangen – und Sie als Verantwortlichen benennen? Dann unterbreiten Sie als Angebot einen fertigen Business-Plan, ein Konzept für den auszubauenden Unternehmensbereich. Beschreiben Sie darin ganz genau, wie Sie sich den Aufbau vorstellen und was die Ausgangslage ist. Machen Sie dem potenziellen Chef das Wasser im Mund wässrig. Ganz wichtig: Es muss klar sein, dass niemand außer Ihnen die Realisierung angehen kann. Sonst könnte die gute Idee einfach adaptiert oder gar ganz geklaut werden ... Vorsicht also! Sind Sie unsicher: Verraten Sie nicht alles. Machen Sie im Konzept deutlich, dass niemand anderes als Sie die Idee umsetzen kann – beispielsweise, weil nur Sie das Wissen und/oder die Kontakte haben.

Folgende Fragen sollte Ihr Business-Plan beantworten:

- Was ist die eigentliche Idee (ein Satz)?
- Formulieren Sie die Idee als Ziel.
- Benennen Sie eine realistische Dauer, innerhalb derer das Ziel erreicht werden kann.
- Was ist der Benefit für den Arbeitgeber?
- Wie sind die Voraussetzungen, wie ist der Markt, wer sind Marktführer?
- Benennen Sie mögliche Umsätze.
- Benennen Sie Kosten (Reisekosten, Materialkosten etc.)
- Welche Voraussetzungen müssen geschaffen werden? Denken Sie z. B. an Logistik und Warenbeschaffung.

> **Meine Erfahrung**
>
> Ich habe im zweiten Schritt, nach einem ersten Kontakt per Telefon, einen Business-Plan nachgelegt. Hier habe ich deutlich gemacht, welches Potenzial im polnischen Markt steckt. Der Plan hat den Vorstand restlos überzeugt. Dabei habe ich sogar alles so gedreht, dass eine Tätigkeit im Home Office möglich wurde. Jetzt arbeite ich im sechsten Monat an der Realisierung. Ich reise viel ... es ist stressig, ja, aber macht mir auch viel Spaß. Zwei Jahre hat man mir gegeben, aber ich bin sicher, dass ich das Ziel, den polnischen Markt zu erobern, erreichen werde.
>
> *Anton, Vertriebsmitarbeiter*

Wie Sie Ihr Angebot unterbreiten

Sie machen ein Angebot, wenn es eine latente (es bewegt sich nichts sichtbar) oder offene Nachfrage (Veränderungen sind offen gewünscht oder gefordert) gibt. Der Arbeitgeber ist noch nicht überzeugt, dass er Sie oder überhaupt jemand braucht. Er ahnt nicht, was Sie für ihn leisten können. Sie müssen ihn erst davon überzeugen.

Es sind letztendlich immer emotionale Argumente, auf die es ankommt:

- Jeder Unternehmer möchte mehr Geld verdienen.
- Jeder Unternehmen strebt danach, seinen Gewinn zu optimieren.
- Jeder Unternehmer möchte mehr Erfolg.
- Jeder Unternehmer möchte besser sein als der Wettbewerb.
- Jeder Unternehmer legt Wert auf gesellschaftliche Anerkennung.
- Jeder Unternehmer legt Wert auf Anerkennung durch die Öffentlichkeit, vor allem in seiner Region.
- Manche Unternehmer möchten expandieren.
- Manche Unternehmer möchten als sozial und familienfreundlich angesehen sein.
- Und: Auch jeder Abteilungsleiter möchte und muss das umsetzen, was die Unternehmensspitze von ihm erwartet.

Diese Erwartungen zu kennen ist Ihr entscheidender Wettbewerbsvorteil.

Wie Sie Ihr Angebot unterbreiten

Ermitteln Sie, welche Wünsche und Bedürfnisse bei Ihren Wunschunternehmen eine Rolle spielen. Dazu müssen Sie zunächst möglichst viel über die Firma und den Firmenchef in Erfahrung bringen. Lesen Sie Berichte über das Unternehmen in den örtlichen Tageszeitungen oder Wochenblättern. Horchen Sie herum: Wer kennt den Chef, seine Mitarbeiter, das Unternehmen und kann von dieser Warte aus etwas dazu sagen?

Diesem Unternehmen möchte ich ein Angebot machen:

_____

Das sind die aktuellen Wünsche und Bedürfnisse des Unternehmens:

1. _____

2. _____

3. _____

Beispiele

▶ **Latente Nachfrage**
Die Müller GmbH war in den Tageszeitungen kaum präsent. Erwähnt wird immer nur der direkte Konkurrent, der sich auch für Kindergärten und Museen in der Umgebung engagiert und außerdem als Sponsor bei Sportveranstaltungen auftritt. Ganz offensichtlich betreibt die Müller GmbH eine schlechte Öffentlichkeitsarbeit. Das ist den Verantwortlichen zwar bekannt, sie haben aber noch nichts dagegen unternommen. Ihre Aufgabe könnte es nun sein, das Problembewusstsein zu schärfen, langfristige Folgen schlechter Öffentlichkeitsarbeit und die Chancen aufzuzeigen, die sich kurzfristig und langfristig ergeben, wenn die Aufgabe von Ihnen übernommen wird.

> **Offene Nachfrage durch Firmenleitung**
> Das Unternehmen MegaSan stellt Hilfsmittel für die Gestaltung von Seminaren her: kleine rosa und blaue Wölkchen zum Beschriften, Stifte und Tafeln. Außerdem verkauft es Moderatorenkoffer. Mit der Anwendung der Materialien hat es bisher nichts zu tun. Nun sieht Sabine eine Anzeige auf der Webseite, in der das Unternehmen Teilnehmer für ein neues Seminar sucht. Überall steht N.N., das heißt, weder Trainer noch Ort sind bekannt. Die Industriekauffrau mit mehreren Jahren Vertriebserfahrung folgert daraus, dass die Firma – offensichtlich etwas planlos – in den Seminarmarkt einsteigen will. Folglich bietet sie dem Unternehmen den Auf- und Ausbau des Vertriebsbereichs »Seminare« an.
>
> **Noch nicht ganz offene Nachfrage durch Abteilungsleiter**
> Das Unternehmen verlangt von seiner IT-Leitung, dass das Warenwirtschaftssystem SAP zugunsten einer Lösung abgeschafft wird, die die Konzernleitung in Frankreich verwendet. Der Freund einer Mitarbeiterin hört davon und informiert eine fachkompetente Bekannte, die es daraufhin sofort schafft, sich dem IT-Leiter zu vorzustellen. Nach diesem Termin vergehen bis zur Genehmigung der Stelle zwar sechs Monate, aber der Eintritt ist geschafft.

Angebot per Telefon
Sie sollten den ersten Kontakt telefonisch herstellen, wenn Sie

- sehr sicher und überzeugend am Telefon sind,
- den direkten Gesprächspartner leicht telefonisch erreichen können.

Ermitteln Sie dafür zuerst den für Sie relevanten Gesprächspartner. Dieser sollte auf einer höheren Ebene stehen, am besten also der Geschäftsführer oder ein Abteilungsleiter.

Name des Gesprächspartners

_____

Was wollen Sie anbieten? (z. B. Praktikum, Probearbeit, Lösung für ein Problem)

_____

Starten wir gleich mit einem Praxisbeispiel für ein telefonisch übermitteltes Angebot.

»Guten Tag. Karin Schulz. Hätten Sie eine Minute Zeit für mich ...?«
»Eigentlich nicht. Na ja, eine Minute. Wenn es eine Minute dauert ... Worum geht es?«
»Nur zwei Minuten. Ich habe gesehen, dass Sie in den vergangenen Jahren nur zweimal in der Zeitung waren, in beiden Fällen war das nicht sehr imageträchtig für Sie. Ihr Konkurrent hat es in dieser Zeit 25-mal in die Presse geschafft.«
»Und was hat er davon?«
»Sein Umsatz ist trotz Wirtschaftskrise gewachsen, Ihrer nicht.«
»Das liegt doch nicht an irgendwelchen Artikeln in Zeitungen.«
»Das liegt auch daran ... Ich möchte Ihnen einen Vorschlag machen, wie Sie Ihre Präsenz in den Medien verbessern können.«
»Dann schießen Sie los.«
»Haben Sie am 25. 6. um 16 Uhr eine Stunde Zeit für mich? Ganz unverbindlich. Ich möchte Ihnen das gerne persönlich erörtern.«

Natürlich verläuft nicht jedes Gespräch so idealtypisch. Bei der Angebotsstrategie ist es ganz wichtig, den zentralen Nutzen, die Problemlösung sofort aufzuzeigen: Wie profitiert Ihr Gesprächspartner von Ihrem Angebot? Räumen Sie zudem mögliche Bedenken sofort aus dem Weg. Versuchen Sie typische Einwände seitens des Gesprächspartners am besten schon vorauszudenken – und natürlich auch Ihre Reaktion darauf.
In dem Beispiel sind das folgende:

- Was habe ich von dem Angebot?
- Das Angebot brauche ich nicht.
- Das bringt doch nichts.

Angebote per Brief

Weniger ist mehr – das gilt auch dann, wenn Sie Ihr Angebot in einen Brief packen. Rechnen Sie nicht damit, dass alles, was per Post eingeht, auch gelesen wird – und bei der richtigen Person landet. Sie müssen also mit allen möglichen Tricks arbeiten, um auf sich und Ihr Angebot aufmerksam zu machen. Wenig Text, kleine Häppchen, viel Struktur: Reduzieren Sie Ihren Brief auf die absolut wesentlichen Inhalte. Betonen Sie wichtige Aussagen. Nutzen Sie in jedem Fall die persönliche Ansprache. Damit der Brief auch wirklich nur vom Entscheider und nicht etwa von seiner Sekretärin gelesen wird, kennzeichnen Sie ihn als »persönlich«. Wenn Sie sich in Ihrem Schreiben auf interne Informationen beziehen (siehe das Beispiel unten), sollte Ihre Kontaktperson im Unternehmen davon wissen und mit diesem Vorgehen einverstanden sein.

Nutzen Sie die Betreffzeile und ein PS. Ihr Brief ähnelt einem klassischen Mailing. Diese beiden Elemente sind hier wie dort entscheidend und werden zuerst »gescannt«, bevor – wenn die Blickfänger interessant genug waren – der Rest gelesen wird. Lassen Sie Ihr Angebot nicht einfach sang- und klanglos verhallen. Kündigen Sie schon im Brief an, dass Sie sich melden werden.

Eine Variante: Entwickeln Sie eine Dramaturgie, die sich z. B. über drei Briefe erstreckt. Schildern Sie beispielsweise im ersten Brief das Problem, im nächsten die Lösung und sagen Sie im dritten, was Sie konkret zur Lösung beitragen können. Marketingexperten setzen an dieser Stelle auf ein Response-Element: Der Leser kann beispielsweise über ein Faxformular weitere Informationen anfordern oder um einen Gesprächstermin bitten.

Behalten Sie jedoch im Hinterkopf, dass Menschen – zumal viel beschäftigte, die keinen Handlungszwang haben – oft sehr schwer dazu zu bewegen sind, selbst aktiv zu werden. Das muss nicht bedeuten, dass Interesse fehlt. Aber manchmal ist der Tag so voller Eindrücke und Aufgaben, dass der kurze Gedanke »das ist aber eine tolle Idee, vielleicht kann ich den/die brauchen« sofort vom Alltag überdeckt wird.

Rufen Sie an, um nochmals auf Ihr Angebot zu sprechen zu kommen. Vereinbaren Sie dann einen persönliches Kennenlern-Termin.

Beispiel

Vanessa Pass
Am venezianischen Tor 10
87654 München
Tel. 089-1123131321
E-Mail: vanessa.pass@beispiel.de

Elektro Boss GmbH & Co. KG
Geschäftsleitung
- Stefan Dumpernickel persönlich –
Bossweg 6
87633 München

Angebot: Effiziente Auftragsbeschaffung ohne Risiko für Sie

Sehr geehrter Herr Dumpernickel,

schon seit Monaten warten Sie auf die endgültige Zusage zu einem wichtigen und weichenstellenden Auftrag. Dies habe ich von einem Insider erfahren.
Ich erfuhr auch, dass Sie keine neuen Mitarbeiter einstellen wollen, bis dieser Auftrag endlich durch ist, danach aber sicher Bedarf hätten.

Ich möchte Ihnen **anbieten, Ihnen kurzfristig ganz neue lukrative Aufträge zu beschaffen**. Seit vielen Jahren im Elektro-Großhandel tätig, weiß ich von der Pieke auf, wie das Geschäft funktioniert. Und obwohl ich bisher im Innendienst beschäftigt war, bin ich sicher, Sie bei der Akquisition erfolgreich unterstützen zu können. Zudem helfen mir sehr gute Kontakte in die Volksrepublik China und nach Hongkong – sowie meine Sprach- und Landeskenntnisse.

Geben Sie mir drei Monate Zeit – am Ende werden Sie von mir und meinen Leistungen überzeugt sein. Für meinen Aufwand erwarte ich lediglich eine **Aufwandsentschädigung** von 1.000 Euro monatlich sowie eine frei verhandelbare Provision. Mein schönster Lohn aber liegt in einer Festanstellung oder einem Zeitvertrag, wenn ich Sie durch meine Arbeit von mir überzeugen konnte.

Um einen persönlichen Termin mit Ihnen abzusprechen, werde ich Sie in den nächsten Tagen anrufen.

Bis dahin verbleibe ich

Ihre

Mündliche Angebote mit Präsentation

»Nein! Wir brauchen Sie nicht!« Wer so etwas am Telefon vernimmt, wird in 99 Prozent der Fälle aufgeben und auflegen.

Das ist die falsche Reaktion – denn fast jedes Nein lässt sich umwandeln in ein Ja. Betonen Sie, dass Ihr Angebot unverbindlich ist, dass das Gegenüber etwas ganz Entscheidendes verpasst, wenn es Sie einfach so – etwa zur Konkurrenz – ziehen lässt. »Ihnen entsteht kein Risiko. Geben Sie mir zehn Minuten, um Sie zu überzeugen.« Aber auch ohne »nein« kann eine Präsentation das geeignete Medium sein, den umgarnten Arbeitgeber zu überzeugen. Der Aufhänger dabei ist stets der Nutzwert für diesen, das sollten Sie stets im Kopf behalten.

Bauen Sie eine Dramaturgie in Ihre Präsentation ein und schaffen Sie Raum für Dialog.

Meine Erfahrung

Ich bin seit mehr als zehn Jahren in der Autobranche beschäftigt. Nachdem ich meinen eigenen, neben dem Studium betriebenen Autohandel aufgegeben hatte, arbeitete ich mehr als fünf Jahre als Key Account Manager bei einem der bekanntesten Internetportale. In dieser Zeit lernte ich, wie sich das Internet zur Kontaktanbahnung und für den Kundenservice nutzen lässt. Sofort erkannte ich, was Präsenzhändler falsch machen, und gewann klare Vorstellungen davon, wie diese ihren Umsatz mithilfe des Internets steigern können bzw. ihren Gewinn optimieren würden.

Ich entwickelte Präsentationen für verschiedene große Autohäuser. Dort zeigte ich, mit wie wenig (Geld-)Einsatz sich das Potenzial des Internets ausschöpfen lässt, wo Möglichkeiten liegen und wie ich mir die Umsetzung vorstelle. Nach drei Monaten Überzeugungsarbeit sagt mir ein Geschäftsführer: »Würden Sie auch Autos verkaufen, wenn Not am Mann ist? Einen Internetmitarbeiter kann ich nicht bezahlen. Aber einen Verkäufer, der auch fürs Internet zuständig ist – warum nicht ... Wenn ja, dann können Sie am Ersten loslegen.«

Das habe ich dann getan.

Peter, Betriebswirt und Ex-Unternehmer

Auch in Bereichen, in denen es auf das Talent des Anbieters ankommt, ist eine Präsentation eine gute Möglichkeit. Gerade Bewerbern, denen formale Abschlüsse und nachweisbare Berufserfahrungen fehlen, begegnen die Entscheider häufig mit (manchmal berechtigten) Fragezeichen. In so einer Situation sollten Sie sich auf das Zeigen und Vorführen konzentrieren. Zeigen Sie, was Sie behaupten. Das ist die ideale Strategievariante für alle, die vom Talent leben – also für Kreative (fast) aller Art und Branchenherkunft.

Überall dort, wo auch Talent eine Rolle spielt, fällt das Visualisieren von Inhalten eher leicht. Fragen Sie sich: Lässt sich konkret zeigen, was Sie in dem Unternehmen durch Ihre Mitarbeit bewegen können? Können Sie Arbeitsproben bündeln und als eindrucksvolles Paket präsentieren?

Doch auch für Nicht-Kreative kann sich das Zeigen lohnen – etwa für Vertriebler, Trainer und Lehrer. Sie können zigmal schreiben und versichern, was für ein toller Dozent, Trainer oder Vertriebler Sie sind – ohne die entsprechenden Nachweise und ohne dass das Gegenüber Ihre Fähigkeiten erlebt, bringt das alles wenig. Damit Sie überhaupt die Chance erhalten, gehört und gesehen zu werden, müssen Sie sich etwas einfallen lassen. Bieten Sie etwa ein kostenloses Schnuppertraining an. Oder, um beim Vertriebsbeispiel zu bleiben: Vereinbaren Sie einen Verkaufstag ohne Gehalt – dann können Sie vor Zeugen belegen, wie begabt Sie darin sind, Autos, Töpfe oder Kosmetik an den Mann oder die Frau zu bringen.

Der kostenlose Live-Test hat den Vorteil, dass das Unternehmen und die Mitarbeiter Sie auch als Mensch kennen lernen können, was vielfach entscheidend ist.

Die Angebotsstrategie Schritt für Schritt

1. Ermitteln Sie Ihre Wunscharbeitgeber.
2. Bringen Sie in Erfahrung, welche Probleme diese aktuell haben, warum sie nicht einstellen oder keinen Mitarbeiter für die Position suchen, die Sie interessiert.
3. Was fehlt dem Arbeitgeber, um erfolgreicher und effizienter arbeiten zu können? Was können Sie bieten? Überlegen Sie sich, wie sich Probleme mit Ihrer Hilfe ausgleichen lassen.
4. In welche Art von Angebot können Sie Ihre »Lösung« verpacken?
5. Entscheiden Sie sich für den telefonischen oder persönlichen Weg, für das Zeigen oder eine Präsentation mit Argumenten und Folien.
6. Haken Sie nach. Niemand sagt sofort »ja«, wenn ihm ein Angebot präsentiert wird. Er braucht Bedenkzeit oder mehrere Anläufe und Gespräche, bis er vollends von Ihnen als Mitarbeiter überzeugt ist.

Die Community-Strategie

Motto: Ich werde Teil einer Gemeinschaft

Was diese Strategie ausmacht

Das ist die ideale Strategie für alle internetaffinen Jobsucher. Für Leute, die sich online engagieren und einbringen können und möchten, die gerne in Foren diskutieren, Teil einer Community werden und fachlichen Rat geben wollen. Vielleicht entwickeln Sie sogar Open-Source-Produkte mit oder betätigen sich ehrenamtlich als Moderator. Dazu müssen Sie kein »Techie« sein. Die Community-Strategie eignet sich auch für ganz normale Internetnutzer. Aber ein bisschen Sympathie für das Leben online sollte schon dabei sein!

Hintergrund: Was ist eine Community?
Eine Community ist eine Online-Gemeinschaft aus Menschen, die alle an einem Thema oder bestimmten gesellschaftlichen, wirtschaftlichen, technischen oder politischen Fragen interessiert sind. Diese Menschen diskutieren an so genannten »Boards«, also Diskussionsbrettern. Diese fächern das eigentliche Thema auf und öffnen Unterthemen und Bereiche. Die Diskussionsräume einer Community sind oft geschlossen und nur nach einer Anmeldung – bei der persönliche Daten hinterlassen werden – für Sie sichtbar.

Es ist üblich, in solch einem Forum mit einem Nickname aufzutreten, also nicht mit seinem richtigen Namen. Das tut der Strategie und Ihrem Erfolg aber eigentlich keinen Abbruch – denn die anderen Boardmitglieder können Ihren Namen häufig einsehen. Zudem wird die Identität eines engagierten Boardmitglieds sowieso irgendwann bekannt. Dann passiert im Internet etwas, was man aus dem »normalen Leben« kennt: Der Name spricht sich herum. Außerdem können Community-Mitglieder immer auch über den Nickname kontaktiert werden.

Einige Foren brechen mit dieser Regel und lassen die Mitglieder »offen« und unter ihrem richtigen Namen diskutieren. Das ist auch eine Möglichkeit. Wägen Sie jedoch Vor- und Nachteile ab: Ist Ihr Name öffentlich, sind Sie auch mit jedem Beitrag auf Dauer im Internet zu finden.

> **Meine Erfahrung**
>
> Ich betreibe ein Forum im Internet, das sich mit einer Open-Source-Software beschäftigt. Daneben bin ich Geschäftsführer einer GmbH im Süden Deutschlands. Wir rekrutieren interessanten Nachwuchs – in der Regel Programmierer – immer über unser Forum. Dabei ist es uns wirklich gleich, was derjenige für einen Background hat, und auch das Alter spielt keine Rolle. Wir sehen, was er kann – und nur das ist für uns interessant.
>
> *Uwe, GmbH-Geschäftsführer*

Für wen sich diese Strategie eignet

Diese Online-Strategie eignet sich für Studenten, Berufstätige und Arbeitslose, vor allem wenn diese aus dem IT-, Design- oder Marketingumfeld stammen. Auch Juristen können im Netz viel bewegen, wenn sie sich für ein Thema stark machen, das bisher in der Öffentlichkeit wenig beachtet wurde. Das Gleiche gilt auch für Finanzexperten. Ja, sogar Beamte können sich den Community-Gedanken zunutze machen, indem Sie zu einem Thema beispielsweise in einem so genannten Weblog – eine Art Online-Tagebuch – publizieren.

Studenten bereiten durch ihr Engagement im Netz ihren beruflichen Einstieg vor. Sie lenken den Blick auf sich als interessante Persönlichkeit und haben es somit leichter, nach dem Studienabschluss unterzukommen. Oft werden sie von anderen Community-Mitgliedern angesprochen, etwa von Firmeninhabern. Berufstätige schaffen sich mit Community-Engagement eine eigene Öffentlichkeit und Unabhängigkeit vom Arbeitgeber. In einer Community werden sie beachtet und beobachtet wie Schauspieler im Rampenlicht. Angebote kommen häufig von selbst. Oft geht es dabei erst einmal nur um kleine Projekte.

Arbeitslose können durch ihren Einsatz die joblose Zeit überbrücken und auch etwas für ihr Selbstbewusstsein tun. Wer sich engagiert, bekommt Feedback. Und wer Feedback bekommt, hat weiterhin einen Draht zum Berufsleben. Leisten Sie auch in der erwerbslosen Zeit etwas Besonderes, betreuen Sie Projekte, füllen Sie damit vermeintliche Lücken, machen Sie sich von außen sichtbar – auf diese Weise schaffen Sie einen Kreis mit potenziellen Arbeitgebern um Ihre Person.

Wann diese Strategie wirkt
Die Community-Strategie ist eine langfristig wirkende Strategie – wann und wie genau sich Ihr Engagement jobmäßig auszahlt, wissen Sie vorher nicht. Gut möglich, dass es ein, zwei Jahre dauert, bis die Falle zuschnappt und Sie auf diesem Weg einen Job bekommen. Die Jobsuche sollte nicht im Vordergrund stehen, sondern vielmehr Ihr Spaß daran, mitzumischen und sich einzusetzen.

Welche Risiken diese Strategie birgt

Das größte Risiko liegt darin, dass Sie unentdeckt bleiben. Das ist aber sehr unwahrscheinlich, wenn Sie es schaffen, positiv wahrgenommen zu werden – somit liegt wiederum fast alles in Ihrer Hand. Ein weiteres Risiko besteht darin, dass Sie nicht dann »geworben« werden, wenn Sie es beruflich nötig haben, sondern in »guten« Zeiten. Die zeitliche Wirkung der Community-Strategie lässt sich leider nur sehr begrenzt steuern. Trotzdem: Immer wieder Jobangebote zu bekommen, tut gut, auch wenn Sie sie nicht annehmen – oder etwa nicht?

Der Open-Source-Gedanke

Open Source – das ist »free beer« und »free speech«. Auf der einen Seite steht ein »freies« Produkt, an dem jeder mitarbeiten kann. Sicher haben Sie vom wohl bekanntesten Open-Source-Projekt, von Linux, schon etwas gehört. An der Fortentwicklung freier Software, offenen Texten und Design darf jeder mitwirken, der kompetent ist oder sich so fühlt. Open Source ist aber auch eine Geisteshaltung, die die Freiheit der Meinungsäußerung im Netz propagiert. Jeder kann in Foren und Chats mitreden, Dinge und Entwicklungen vorantreiben, und zwar aus purem Engagement und weil es der Sache dient.

So arbeitet die US-Firma Mozilla, die für den Browser Firefox verantwortlich ist, ausschließlich mit ehrenamtlichen Entwicklern und auch Vermarktern. Diese reihen sich in Arbeitsgruppen ein, in die sie ihre Ideen einbringen und in denen Sie entsprechende Maßnahmen entwickeln. Die Firma

Google hat zwei dieser ehrenamtlichen Entwickler vom Fleck weg eingestellt – ungeachtet von Alter, beruflicher Aus- und Vorbildung, völlig unabhängig vom Lebenslauf. Solche Jobgeschichten passieren auch in Deutschland täglich. Wer beweist, dass er etwas besonders gut kann, braucht keine Ausbildungsnachweise mehr, sondern wird einfach »gecastet«. Die einzige Voraussetzung ist, dass Sie sich mit dem richtigen Thema ins Blickfeld der richtigen Leute begeben.

Überlegen Sie nun: In welchem Themenumfeld könnten Sie sich einbringen? Ist es der Bereich Software, Text, Design, Diskussion/Meinungsbildung, Marketing, Kultur ...?

Mein Thema/Meine Themen:

Auf welchen Webseiten könnten Sie sich einbringen? Wo gibt es aktive Foren mit Boards, die vermutlich auch von Entscheidern gelesen werden?

Webseiten, die in Frage kommen:

1. www.

2. www.

3. www.

4. www.

5. www.

Fragen, mit denen Sie sich absichern:

▸ Für welche Leistungen wollen Sie von außen wahrgenommen werden?
▸ Was müssen Sie tun, um sichtbar zu werden? Wie oft müssen Sie aktiv werden, in welcher Form, über welchen Zeitraum?
▸ Auf welchen Plattformen wollen Sie sich zeigen (Internetseiten)?

Eine kleine Auswahl von Adressen soll Ihnen einen Einblick in die weite Welt der Open-Source- und Community-Bewegung geben. Wo und wie Sie sich engagieren, bleibt Ihnen und Ihren Kernkompetenzen überlassen. Verstehen Sie die folgende Auflistung nur als Anregung.

Open Source:

- Wikipedia (*www.wikipedia.de*): ein Wörterbuch, das allein von den ehrenamtlichen Autoren lebt.
- Firefox (*www.spreadfirefox.com*): Ein Internet-Browser mit klugen Marketingideen, an denen eine gesamte Community arbeitet (Englisch).
- Open Office (*www.openoffice.org*): Dieses Programmpaket ist eine Alternative zu Microsoft Office. Und jeder darf daran schreiben und es weiterentwickeln.

Communitys:

- Autohaus (*www.autohaus.de*): Autohändler online
- Beamte4U (*www.beamte4u.de*): Beamte nicht ganz allein unter sich
- Akademie.de (*www.akademie.de*): Zahlreiche Wissensforen
- Wer weiß was (*www.werweisswas.de*): Bunt gemischt
- Open BC (*www.openbc.com*): Hier findet jeder sein passendes Forum

Meine Erfahrung

Ich habe mich im Netz überall beteiligt, schon während des Studiums war ich in allen relevanten Foren zum Suchmaschinenmarketing aktiv. Mein Nickname war bald bekannt und meine Meinung gefragt. Aus meiner Identität machte ich keinen Hehl. Ich war leicht zu finden und bekam irgendwann das Angebot eines Unternehmens für Seminarbedarf. Hier sollte ich das komplette Marketing aufbauen, mit besonderem Fokus auf den Suchmaschinen. Bei dieser Firma bin ich nun seit zwei Jahren. Wir sind insgesamt 15 Leute. Dass ich weiterhin in den Foren aktiv bin, stört keinen. Neulich habe ich dem Marketingleiter eines Konzerns gemailt, der meinen Namen kannte. Demnächst wollen wir uns zusammensetzen. Was daraus wird, weiß ich nicht. Mich freut es aber zu spüren, dass meine Meinung offenbar zählt.

Hans, Online-Marketingexperte

Selbst etwas aufbauen

Nicht mitmachen, sonder selbst machen – das ist eine andere, nicht minder wirkungsvolle Methode im Netz. Firmen, die sich eine Weile am Markt bewährt haben, sind irgendwann attraktiv genug, um von größeren Unternehmen gekauft zu werden. Privatpersonen, die ein Portal oder eine Community aufbauen, sind irgendwann interessant genug, um als Mitarbeiter von Firmenchefs angesprochen zu werden. Je mehr Sie bei Ihrer Aktivität mit Ihrer Branche zusammenwachsen, desto mehr geraten Sie ins Blickfeld. Betreiben Sie ein Portal für Angler, werden Sie damit automatisch zu einem ernst zu nehmenden Gesprächspartner für Unternehmen, die Angelhaken und Köder entweder herstellen oder vertreiben. Auch das braucht Zeit, aber denken Sie daran: Alles, was Sie tun, qualifiziert Sie letztendlich auch für den Job. Zeiten der Arbeitslosigkeit können durch ein solches Engagement ideal überbrückt werden. Und wenn Sie heute keine neue Position brauchen, kann es schon morgen anders aussehen. Kommt Spaß an der Sache hinzu, besitzen Sie die besten Voraussetzungen, um erfolgreiche Projekte aufzusetzen.

Überlegen Sie nun:

Zu welchem Thema könnten Sie ein neues Angebot im Internet etablieren?

_____

Was müssen Sie tun, um Ihre Idee zu realisieren?

1. _____

2. _____

3. _____

4. _____

5. _____

Was müssen Sie tun, um Ihre Idee bekannt zu machen und Forumsmitglieder – darunter auch Hochkaliber, also potenzielle Arbeitgeber – zu gewinnen?

1. _____

2. _____

3. _____

4. _____

5. _____

Fragen, mit denen Sie Ihre Idee auf sichere Füße stellen:

- Ist das Thema noch unbesetzt oder beschäftigt sich bereits jemand damit?
- Welche Experten haben sich im Umfeld des Themas einen Namen gemacht?
- Wie können Sie sich von diesen Personen inhaltlich und/oder persönlich abgrenzen?
- Welchen persönlichen Gewinn haben Sie von Ihrer Idee?

Abgewandelte Community-Strategie: Frager sein

Communitys lassen sich auch nutzen, um kompetenten Menschen Fragen zu stellen, die unter anderem auch bei der konkreten Jobsuche helfen. Das ist legitim – solange es sich in gewissen Grenzen hält. Bei den anderen kommt es meistens schlecht an, wenn Sie ausschließlich Fragen stellen und nie Antworten geben. Das ist ganz ähnlich wie in »normalen« Netzwerken. Menschen, die sich nur in ein Netzwerk begeben, um für sich etwas abzuschöpfen, machen sich schnell unbeliebt. Das Verhältnis von Geben und Nehmen muss immer stimmen.

Die Community-Strategie Schritt für Schritt

1. Entscheiden Sie sich für ein Thema, zu dem Sie zu 100 Prozent stehen können (z. B. Kultur, Musik, Software, Politik, Gesellschaft).
2. Kombinieren Sie dies mit einer Funktion, in der Sie aktiv werden möchten (z. B. Konzeption, Programmierung, Text, Design, Foto, Sound, Video).
3. Wählen Sie ein Umfeld, in dem Sie sich wohl fühlen (z. B. Werbeszene, Ökobereich, Künstler).
4. Analysieren Sie Webseiten, die für Sie interessant sind.
5. Überlegen Sie, wie Sie sich einbringen könnten, etwa durch aktive Mitarbeit, Mitentwicklung oder Mitdiskussion.
6. Überlegen Sie, ob Sie gegebenenfalls selbst etwas aufbauen können.
7. Stürzen Sie sich mit Spaß und Engagement und dem Wunsch, etwas gut und besser zu machen, in die Arbeit.
8. Achten Sie darauf, dass andere Sie bemerken und dass Sie immer leicht zu finden sind.
9. Bauen Sie Kontakte auf und kommunizieren Sie viel mit Community-Mitgliedern.
10. Der Rest kommt (meist) von allein.

Die Elfenstrategie

Motto: Ich mache mich sichtbar

Was diese Strategie ausmacht

Eine Elfe ist ein Zauberwesen, das Sie nur sehen können, wenn Sie daran glauben. Deshalb habe ich diese Strategie nach ihr benannt. Nur wenn Sie an die Methode glauben, werden Sie damit erfolgreich sein. »Ungläubige« bewegen sich nach jedem Schritt vor gleich einen zurück.

Das Prinzip ist wie immer einfach: Sie begeben sich »undercover« – sozusagen als Elfe – in das Blickfeld eines Unternehmens oder noch besser: ins Blickfeld des Geschäftsführers, Unternehmensgründers oder seiner unmittelbaren Umgebung. Das machen Sie so unauffällig und auf eine derart angenehme und sanfte Weise, wie es nur (männliche und weibliche) Elfen können.

Sie nähern sich der Firma dabei Schritt für Schritt. Vielleicht fangen Sie mit einem persönlich adressierten Brief an den Unternehmensgründer an, in dem Sie zeigen, dass Sie sich mit seinen Interessen und seiner Firma auseinander setzen, dass Sie seine Werte verinnerlicht haben und jemand sind, der mitdenkt.

Daraus ergibt sich eine gewisse Eingrenzung für elfenhafte Maßnahmen: Die Elfenstrategie funktioniert ganz besonders gut bei Unternehmen, die bestimmte Werte vertreten und sich sozial engagieren und für die nicht nur das Finanzielle eine Rolle spielt. Diese Unternehmen wirken eher offen und nachdenklich, kritisch und menschlich. Es gibt sie nach wie vor – man findet sie vor allem im Mittelstand und unter den Traditionsunternehmen. Unter den großen, börsennotierten Konzernen sind sie wohl eher die Ausnahme.

Das Prinzip dahinter

Das Prinzip heißt Vertrauen und Glauben. Sie mögen, was Sie kennen. Sie vertrauen dem, den Sie kennen – und das vor allem dann, wenn diese Person Ihnen vom Wesen und den Zielen her ähnlich ist. Sie trauen dem, der Worte in Taten umsetzt und dann zeigt, dass das eine mit dem anderen harmoniert. Sie vertrauen jemandem, wenn Sie das Gefühl haben, dass er oder sie Ihre Werte vertritt. Sie glauben auch, dass diese Person gute Arbeit leistet. Und für all das brauchen sie keinen Beweis: Das ist das Prinzip des Glaubens.

Stellen Sie sich nun einfach einmal vor, Sie sind ein Chef, wechseln Sie gedanklich die Rolle. Sie suchen immer Mitarbeiter, denen Sie voll und ganz vertrauen. Schließlich wollen Sie, dass diese Mitarbeiter das Richtige tun und Dinge so vorantreiben, wie Sie es wünschen. Die schriftlichen Unterlagen allein sagen dem Chef noch nicht, ob es sich um solche Mitarbeiter handelt.

Solche Mitarbeiter muss man »erfahren« und erleben. Sie sind auf einem Blatt Papier, einer Mappe – kurzum mit bloßem Auge nicht zu erkennen.

Bei der Elfenstrategie sieht der Entscheider den Menschen. Er lernt ihn erst einmal aus der Entfernung kennen und dann immer ein Stückchen mehr. Er lernt, seine Ideen zu schätzen. Der Lebenslauf wird, so gesehen, einfach unwichtig, unscharf. Das Vertrauen in den Menschen und seine Arbeit ist schließlich schon da. Und das ist wichtiger als alles andere.

Für wen sich diese Strategie eignet

Diese Herangehensweise ist etwas für alle Multitalente mit breiten Kenntnissen und Erfahrungen, die vielseitig einsetzbar sind. Besonders gut geeignet ist diese Strategie für Bewerber, die sich nur in einem sozialen Unternehmen aufgehoben fühlen und sich mit Produkt und Firmenphilosophie identifizieren müssen, um für sich selbst Zufriedenheit zu gewinnen.

Das allerdings ist oft eine Erkenntnis, die erst im Laufe des Berufslebens reift – insofern spricht die Elfenstrategie vermutlich vor allem auch erfahrenere Menschen an. Dabei lässt sie sich in unterschiedlicher Anwendungsform sowohl von Akademikern als auch von kaufmännischen Mitarbeitern und sogar handwerklich oder künstlerisch arbeitenden Menschen nutzen.

Meine Erfahrung

Von dem Projekt hatte ich in unserer Tageszeitung gelesen. Die Stadt, in der ich wohne, sollte touristisch vermarktet werden. Stadtmarketing – das war schon immer mein Traum.

Allerdings gibt es nichts in meinem Lebenslauf, was fachliche Kompetenz auf diesem Gebiet belegt. Mein Wissen habe ich lediglich aus der Beobachtung gezogen und viel über das Thema gelesen. Außerdem bin ich sehr kreativ und entwickle gerne Ideen.

Diese Ideen habe ich dann den Initiatoren des Projekts in einer E-Mail zugeschickt. Damals war noch niemand dafür angestellt, die Pläne umzusetzen. Alles schwirrte erst in den Köpfen. In dieser frühen Projektphase schaffte ich es aber, durch mein Ideenscript zum Workshop eingeladen zu werden. Da lernte ich alle relevanten Personen kennen, inklusive Bürgermeister.

Ich habe mich nach dem Seminar immer wieder bei verschiedenen Stellen per E-Mail in Erinnerung gebracht, neue Ideen verbreitet, immer mal wieder mit den Verantwortlichen auch persönlich gesprochen.
Als dann eine Stelle für Stadtmarketing genehmigt wurde, war ich der Erste, der angesprochen wurde, denn jeder, der in das Projekt involviert war, kannte mich ... Das Ganze hat übrigens knapp ein Jahr gedauert.
Markus, 34 Jahre

Wann diese Strategie wirkt

Die Elfenstrategie zieht nicht von heute auf morgen, sie braucht Zeit und muss reifen, wie guter Wein. Gehen Sie das Ganze locker an und sehen Sie es auch ein wenig als Strategiespiel, bei dem jeder Zug genau überlegt werden muss. Das macht Spaß und ist spannend. Es erleichtert auch die Wartezeit, denn bis vom Unternehmen etwas kommt, können Wochen und Monate vergehen.

Welche Risiken diese Strategie birgt

Bei der Elfenstrategie nehmen Sie mehrmals Kontakt auf, und zwar auf ungewöhnliche Weise. Sie schreiben E-Mails, Faxe, Briefe an Entscheider und rufen auch schon mal persönlich an. Dabei ist nie von Bewerbung die Rede. Sie machen auch kein Angebot. Sie kommunizieren lediglich über ein Thema, geben Ideen wieder, machen Verbesserungsvorschläge, leiten Nachrichten weiter ...

Das Risiko liegt in dem Thema, um das es Ihnen geht. Sie müssen authentisch, sympathisch und vertrauenswürdig wirken. Sie müssen den anderen zum Nachdenken bringen und sich selbst in seinem Kopf verankern. »Aha, da ist wieder etwas von Herrn Müker. Der lässt sich ja wirklich etwas einfallen« – so oder ähnlich denkt der umgarnte Firmenchef im Idealfall. Es gehört allerdings sehr viel Fingerspitzengefühl dazu, sich auf dieser Ebene sicher zu bewegen. Die größte Gefahr liegt deshalb darin, auf die falschen Themen zu setzen und damit zu nerven. Außerdem sollten Sie stets darauf bedacht sein, Ihrem Gegenüber nicht lästig zu werden – wenn das geschieht, hat sich die Strategie als kompletter Fehlschlag erwiesen. Denken Sie daran, wie Sie selbst auf unaufgeforderte Informationen reagieren!

Eine mögliche weitere Gefahr: Briefe und E-Mails kommen möglicherweise nicht beim richtigen Ansprechpartner an, weil beispielsweise eine Sekretärin vorher die Post auswählt und nur »Wichtiges« vorlegt. In so einem Fall könnte man Ihnen allerdings schlechte Recherche vorwerfen. Sie müssen sicherstellen, dass Ihre Nachrichten auch ankommen! Bei Postbriefen gilt deshalb: Adressieren Sie immer mit dem Vermerk »persönlich«. Bei E-Mails: Rufen Sie an und fragen Sie – zur Not inkognito –, ob die Mails persönlich gelesen werden. Ein »persönlich« in einer E-Mail »riecht« leider verdächtig nach Spam und erhöht das Risiko, dass die Nachricht gelöscht wird. Verhalten Sie sich mediengerecht.

Wie werde ich Elfe?

Stellen Sie sich vor, Sie nehmen im Nebel jemand wahr. Dieser Jemand kommt immer näher, bis Sie sich schließlich von Angesicht zu Angesicht mit ihm unterhalten können. Ihre Aufgabe ist es, in das Sichtfeld der Person einzutreten, die Sie kennen lernen soll.

Beispiel: Sie interessieren sich für ein spezielles Unternehmen. Sie recherchieren alles über diese Firma. Dann beginnen Sie E-Mails zu schreiben, freundliche, kurze Nachrichten, in denen Sie auf aktuelle Entwicklungen oder Informationen hinweisen, die für das Unternehmen relevant sind. Sie verraten nur Ihren Namen, mehr nicht. Das machen Sie immer mal wieder, entweder sehr regelmäßig oder völlig überraschend: erst einmal die Woche, dann einige Wochen nicht, dann innerhalb weniger Tage mehrmals.
Es gibt keine standardisierten Vorgehensweisen oder Rezepte. Schließlich lebt diese Strategie von Ihrer Individualität. Für die Regelmäßigkeit spricht, dass sich der Empfänger an Ihre Meldungen gewöhnt und sich diese merkt. Unregelmäßigkeit schafft eine gewisse Spannung. So schreiben Sie dem Chef beispielsweise zur Abwechslung einen Brief, in dem Sie sich zu erkennen geben und verraten, was Ihnen am Unternehmen so gefällt. Ohne Forderungen, ohne Verbindlichkeiten, einfach so. Vielleicht rufen Sie auch an. Sie sollten die Dramaturgie nur so gestalten, dass ein Handlungswechsel stattfindet. Das ist wie auf einer Bühne: Erst ein Szenenwechsel bringt Spannung. Es kann sein, es ist sogar sehr wahrscheinlich, dass sich die nächste Szene im Büro des Unternehmers abspielt, weil er Sie persönlich kennen lernen und sich ein Bild von Ihnen machen will.

Was macht eine Elfe aus?

Elfen sind Leichtgewichte. Auch Sie dürfen keine Schwermut verbreiten. Ihre Strategie kann erfolgreich sein – sie muss es aber nicht. Sie müssen überzeugt von dem sein, was Sie tun, und dürfen sich nicht für Ihre eigene Aktivität schämen. Sie sollten aber auch offen für das Ergebnis sein. Auch wenn am Ende kein konkreter Job für Sie rausspringt, haben Sie Fürsprecher und Erfahrung gewonnen. Und: Sie hatten Spaß und ein nettes Gespräch. Erst diese Einstellung macht Sie fit für diese Strategie. Andernfalls besteht die Gefahr, sich zu verkrampfen – und dann fallen Sie in ein tiefes Loch, wenn nicht alles so funktioniert wie gewünscht.

Die Elfenstrategie bedeutet bei aller Leichtigkeit aber auch Arbeit für Sie. Sie müssen sich sehr auf das Unternehmen konzentrieren und leben eine Zeitlang in einer Parallelwelt. Tauchen Sie nicht zu sehr darin ab. Entwickeln Sie auch für andere Unternehmen Elfenstrategien, sodass idealerweise mehrere parallel laufen. Sehen Sie das ein wenig als Strategiespiel. Sie müssen die cleveren ersten und nächsten Züge planen, um ans Ziel zu kommen. Dafür ist in jedem Fall viel Denkarbeit nötig. Genau das ist aber auch ein tolle Herausforderung und schafft, wenn die Strategie erfolgreich ist, eine enorm große Befriedigung.

Die Elfenstrategie vorbereiten

Sicher haben Sie bereits ein Unternehmen im Kopf, denn klare Vorstellungen vom Arbeitgeber sind Voraussetzung, um als Elfe weich zu landen. Sammeln Sie über einen längeren Zeitraum Informationen, bevor Sie aktiv werden. Lesen Sie vor allem auch Interviews mit dem Unternehmer, denn diese machen persönliche Einstellungen meist besonders deutlich. Überlegen Sie dann, was Sie tun und wen Sie kontaktieren können.

Wie heißt der Unternehmer?

Was sind seine Werte?

In welchen Punkten sind Ihre Werte und seine Werte deckungsgleich?

_____

_____

Welche Personen im Umfeld haben vermutlich Einfluss auf seine Entscheidungen?

_____

_____

Auf welche Art von Ansprache reagieren diese Personen?

_____

_____

Über welche Medien sind sie erreichbar?

_____

_____

Die Elfenstrategie umsetzen

Wie gesagt: Jeder muss seinen individuellen Weg finden, sich sichtbar zu machen. Da kann mit ganz normalen, unaufdringlichen Briefen geschehen, deren Besonderheit darin liegt, dass sie nichts fordern, erwarten oder präsentieren. Sie haben ganz allein den Zweck, eine Kommunikation aufzubauen.

Beispiele für einen solchen Brief

▶ Sehr geehrter Herr Simon,

Sie sind als sozial engagierter Unternehmer bekannt, jemand, der nicht nur in die eigene Tasche wirtschaftet und an sich denkt. Es hat mich sehr gefreut, heute Morgen zu lesen, dass Sie sich für die behindertengerechte Umsetzung Ihrer Webseite einsetzen.
Darf ich mir erlauben, Ihnen dazu noch einige Tipps zu geben (...)

▶ Sehr geehrter Herr Simon,

heute morgen habe ich in einer Ihrer Filiale eingekauft und war wieder einmal positiv überrascht von der Hilfsbereitschaft Ihrer Mitarbeiter. Sie beraten ihre Kunden nicht nur kompetent, sondern auch überaus freundlich (...)

▶ Sehr geehrter Herr Simon,

lange haben Sie nichts mehr von mir gehört. Wundern Sie sich nicht: Ich war auf einer Schulung, um mein Wissen im Bereich Kundenzufriedenheits-Management aufzufrischen. Nun habe ich von der Tagung zum Thema »Unternehmer für Mitarbeiter« gehört, auf der Sie Gast sein werden. Gerne würde ich Sie bei dieser Gelegenheit kennen lernen (...)

Sie können aber auch ganz anders vorgehen. Einige Ideen:

- ▶ Machen Sie in Briefen auf sich aufmerksam und laden Sie zu einem Vortrag ein.
- ▶ Schicken Sie eine Dokumentation Ihrer Recherchearbeit zum Unternehmen.
- ▶ Erarbeiten Sie eine Konkurrenzanalyse, die Sie dem Chef übermitteln. Stellen Sie dabei besonders den Punkt heraus, den Sie an diesem Unternehmen so sympathisch finden (Beispiel: besonders kinder- und familienfreundlich).

▶ Übergeben Sie dem Firmengründer bei einer öffentlichen Veranstaltung einen Brief, in dem Sie sich z. B. für sein Engagement bedanken.

Meine Erfahrung

Nach mehr als zwölf Jahren habe ich einen Auflösungsvertrag unterschrieben. Ich hätte in dem Unternehmen bleiben können, aber es gab keine Perspektiven. Außerdem wollte ich mich auf die Jobsuche konzentrieren. Dieses Mal sollte es ein gutes Unternehmen sein, eines, das sich engagiert und Werte hat. Ich bin schnell auf eines gekommen. Der Firmenchef schätzt seine Mitarbeiter und beschäftigt bewusst auch ältere Menschen. Menschlichkeit steht über allem. Ich komme aus dem Bereich Kommunikation und habe gute Kenntnisse im Webdesign. Ich fing an, per E-Mail auf Dinge hinzuweisen, die den Internetauftritt voranbringen würden. Ich brachte nett und freundlich Ideen ein und schrieb manchmal auch nur freundlich »guten Morgen«. Lange passierte nichts. Das hat mich schon beunruhigt. Du weißt ja nicht, was mit der E-Mail passiert.
Irgendwann rief die Frau des Unternehmers an und fragte, warum ich mich so für die Firma interessiere. Ich sagte ihr, wie sehr ich das Engagement schätzte und überzeugt sei, dass darin ein einzigartiger Wettbewerbsvorteil läge. Kunden kaufen nicht bei irgendwelchen Firmen, sondern bei denen, denen Sie vertrauen. Und dazu gehört mehr als nur ein gutes Preisangebot.
Dann schrieb ich einen langen, mit »persönlich« adressierten Brief an den Inhaber. Das war der Wendepunkt. Ich wurde zu einem Termin gebeten. Parallel dazu hatte ich meine Unterlagen an die Personalabteilung geschickt. Diese kamen postwendend zurück, was mir wieder einmal gezeigt hat, dass ich mit meinem Profil auf normalem Weg keinen Erfolg haben würde. Aber ich war ja eingeladen. An dem Termin nahmen der Unternehmer und seine Frau teil. Wir waren uns sofort sympathisch. Endlich konnte ich »zugeben«, dass ich nichts lieber tun würde, als für diese Firma zu arbeiten. Gemeinsam besprachen wir Möglichkeiten und Einsatzgebiete. Heute koordiniere ich die Kommunikationsmaßnahmen, bin verantwortlich für Kundenzeitschriften, Anfragen und den Webauftritt. Diese Stelle hat es vorher nicht gegeben. Sie wurde für mich geschaffen.

Christoph, 49 Jahre

Die Elfenstrategie Schritt für Schritt

1. Erstellen Sie eine Liste mit Unternehmen oder Initiativen, bei denen Sie sehr gerne arbeiten würden.
2. Ermitteln Sie den Firmengründer oder Initiator oder einen Entscheider auf hoher und höchster Ebene. Auch die Frau eines Unternehmers oder der Sohn kann Türöffner sein.
3. Finden Sie alles über das Unternehmen und seinen Chef heraus, was Sie im Internet und in Archiven finden können.
4. Erstellen Sie ein Persönlichkeitsprofil des Unternehmers. Was ist ihm wichtig, worauf legt er Wert, welche Ideale verfolgt er?
5. Wie können Sie sich dem Unternehmer nähern – durch einen Brief mit anregenden Gedanken, durch Ideensammlungen oder Zukunftsvisionen?
6. Wie können Sie Ihre Annäherung strategisch gestalten und eine Spannung aufbauen? Beispiel: Ideen streuen, verschiedene Teile einer Idee zu unterschiedlichen Zeiten schicken.
7. Werden Sie aktiv.
8. Warten Sie, bis das Unternehmen aktiv wird. Tut sich nichts, »verschärfen« Sie Ihre Maßnahmen oder erhöhen Sie die Frequenz. Erst wenn über einen längeren Zeitraum – etwa drei Monate – nichts kommt, sollten Sie nachfragen, ob Ihre Anregungen, Gedanken, Ideen bemerkt worden sind.

Die Gesuch-Strategie

Motto: Ich werde gefunden

Was diese Strategie ausmacht

Sie warten nicht auf Stellenangebote, sondern schalten selber welche. Eine der Gründe dafür: In Zeiten mit Bewerberüberschuss zögern viele Unternehmen, ein teures Inserat in die Zeitung zu setzen. Neben dem Preis für die Schaltung selbst fällt schließlich auch noch Zeit (und damit Geld) für die Auswahl der Bewerber an. Selbst das Zurückschicken der Unterlagen ist mit einem gewissen organisatorischen Aufwand verbunden. Das schreckt viele Unternehmen ab, selbst die größeren. Die schauen dann lieber selbst, was der Zeitungsmarkt so hergibt. Und darin liegt Ihre Chance.

Sehen Unternehmenschefs oder Personalentscheider im Kleinanzeigenteil etwas Passendes, greifen Sie zum Hörer. Ihr Vorteil bei der Gesuch-Strategie ist: Sie stehen außer Konkurrenz und können sicher sein, nicht mit 100 Mitbewerbern in einer Schlange zu stehen. Die Gespräche sind stressfreier. Auch wenn nicht nur Sie, sondern noch weitere Kandidaten eingeladen werden: In der Regel ist die Zahl der Bewerber überschaubar, die Konkurrenz kleiner.

Außerdem laufen Gespräche anders und vielfach angenehmer ab, denn die Erwartungshaltung ist eine andere. Wer eine Dame für »Büro/Empfang« oder »Projektassistenz« zum Gespräch bittet, klammert die ganze Vielfalt Ihres Lebenslaufes erst einmal aus. Sie werden auf die Tätigkeit reduziert, die Sie ausüben möchten und können. Ob Sie früher auch mal Fotografin oder Verkäuferin waren, spielt keine Rolle mehr. Solche Gespräche sind für beide Seiten spannender und entspannter: Da ihr Lebenslauf nicht bekannt ist, können Sie in der ersten persönlichen Begegnung noch etwas Neues über sich erzählen.

Für wen sich diese Strategie eignet

Sie ist etwas für alle Bewerber, sofern sie ihr berufliches Ziel klar und deutlich definieren können. Sehr gute Erfahrungen mit dieser Strategie haben Hochqualifizierte gemacht, die sich beruflich verändern möchten und dabei nach »unten« orientieren wollen. Solche Berufsgeschichten gibt es häufig: sei es, weil der Kandidat Mitte 30 festgestellt hat, dass es für Top-Leute auch nur Jobs mit Top-Arbeitszeiten zwischen 9 und 22 Uhr gibt, oder sei es, dass der Markt es derzeit einfach nicht hergibt, die ursprüngliche Branche »dicht« und überlaufen ist. Es gibt unter zahlreichen Bewerbern mit Berufserfahrung eine echte Sehnsucht danach, Tätigkeiten auszuüben, die eigentlich nicht der Qualifikation entsprechen.

Bewerben sich diese Menschen auf Inserate, werden sie automatisch als überqualifiziert aussortiert. Der umgekehrte Weg über ein Gesuch funktioniert jedoch. Stellt sich beispielsweise eine Germanistin mit langjähriger Lektoratserfahrung und guten Organisationsfähigkeiten als »Kompetente Bürokraft« vor, wird zuerst nur diese Bürokraft gesehen. Kommt sie im Vorstellungsgespräch – das bei solchen Positionen in der Regel direkt am Telefon vereinbart wird – auf die berufliche Vergangenheit zu sprechen, wird diese eher als Beiwerk oder gar als Schmuck wahrgenommen. Plötzlich spielt es jedenfalls keine negative Rolle mehr. Denn dass die Bewerberin für die Tätigkeit qualifiziert ist, steht fest.

Gut geeignet ist die Strategie zudem für Top-Qualifizierte, die eine Top-Stelle suchen. Je klarer umrissen die Kompetenzen sind, desto besser und erfolgreicher wird das Inserat. Auch Menschen mit kaufmännischem Hintergrund kommen per Gesuch in der Tageszeitung nicht selten eher und schneller zum Erfolg als über Bewerbungen.

Meine Erfahrung

Ich bin PR-Beraterin mit fünf Berufsjahren und Studium. In dieser Zeit habe ich mich durch die Agenturen gequält: keine Zeit mehr für Familie, immer unter Strom. Eigentlich war es für mich eine Erholung, als meine alte Firma Pleite ging. Ich konnte Luft holen und nachdenken. Vorstellungsgespräche bei Agenturen frustrierten mich. »Arbeitszeiten bis 20 Uhr und am Wochenende sind Sie ja gewohnt.« Ja, das war ich. Ich wollte das alles aber nicht mehr und habe sogar Stellen abgelehnt. Dann versuchte ich mich als Bürokraft umzuorientieren. Arbeiten wollte ich, ein berufliches Zuhause haben, aber bitte im Rahmen. Aber damit kam ich auch nicht weiter: Ich wurde zwar ein paar Mal eingeladen, aber immer kamen die gleichen Argumente, um mich abzulehnen – überqualifiziert, sie wollen doch nicht wirklich länger bleiben ...
Dann habe ich ein Inserat im *Hamburger Abendblatt* geschaltet. Es war ein wenig größer als die Standardtexte und sagte ganz klar aus, was ich machen möchte: »Sekretariat/Empfang«. Ich bekam 20 Anrufe und hatte fünf Vorstellungsgespräche. Schließlich nahm mich eine Softwarefirma unter Vertrag. Unbefristet und bei einem Gehalt, das auf einem ähnlichen Niveau lag wie mein früheres. Meinen Lebenslauf hat keiner je gesehen.

Melanie, PR-Fachfrau

Die Gesuch-Strategie eignet sich jedoch nicht für alle Jobsuchenden. Freie Mitarbeiter oder Menschen, die sich als sehr vielfältig darstellen und positionieren, haben mit dem Gesuch meist keinen Erfolg. Sie locken mit ihrem Text oft nur unseriöse Anbieter an oder provozieren zweifelhafte Angebote, die sie zum Aloe-Vera-Vertrieb oder zum Dessousverkauf motivieren wollen.

Nicht geeignet ist diese Strategie zudem für Traumjob-Typen, die unbedingt bei einer bestimmten Firma arbeiten wollen oder zumindest doch bei einer der individuellen Top Ten. Sie müssen schon offen sein und gespannt erwarten, wer und was kommt – ohne besondere Vorlieben und allzu große Leidenschaften.

Welche Risiken diese Strategie birgt

Ein Risiko besteht darin, dass Sie nicht genug Resonanz erfahren oder die Resonanz nicht den Wunschjob bringt. Überdenken Sie den Text der Anzeige noch einmal und schalten Sie sie zu einem späteren, vielleicht besseren Zeitpunkt. Ideal sind Termine außerhalb von Feiertagen oder Ferienzeiten. Außerdem laufen Sie auch Gefahr, das Geld für Ihr Gesuch umsonst auszugeben, wenn sich nichts tut.

Welche Unternehmen auf Gesuche reagieren

Es sind vor allem kleine und mittlere Unternehmen, die sich die Gesuchstexte in der Wochenendausgabe ihrer Tageszeitung anschauen. Eine bunte Mischung: von der Softwareschmiede über die soziale Einrichtung bis hin zum Reisebüro oder Immobilienmakler. Aber auch Großkonzerne wie Aventis haben schon einmal auf eine solche Anzeige reagiert – sofern gerade Bedarf da war. Meist unternimmt nicht der Personaler, sondern die Fachabteilung den Versuch, potenzielle Bewerber anzusprechen. Manchmal hat gerade jemand gekündigt oder der Berg an Arbeit ist so groß und unüberschaubar geworden, dass schnellstmöglich jemand das Chaos beseitigen muss.

Firmen scheuen generell die hohen Kosten der Personalauswahl und den damit verbundenen Aufwand. Kleine und mittlere Unternehmen haben zudem oft keine standardisierten Auswahlverfahren oder gar Personalabteilungen.

Gesuche für normale Angestellte

Sie üben eine Tätigkeit aus, die in vielen Unternehmen gebraucht wird, oder Sie möchten dies tun. Sie arbeiten am Empfang, im Büro, als Chefsekretärin, Projektassistent, Buchhalter, Telefonist, IT-Supporter usw. Es ist zweitrangig, ob Sie Erfahrungen in der Eventbranche oder im Versicherungswesen haben. Branchenkenntnisse sind bei dem beruflichen Ziel, das Sie erreichen wollen, gut und schön, aber nicht jobentscheidend. Das gilt auch für Akademiker, die sich auf »einfache« Tätigkeiten bewerben: Streichen Sie den Doktor (im übertragenen Sinn, auch wenn Sie keinen haben) und reduzieren Sie Ihre Angaben auf die Punkte, die für Ihr Berufsziel relevant sind.

Schalten Sie Ihr Gesuch in der größten Tageszeitung Ihres Heimatorts. Schreiben Sie groß über dem Kleinanzeigentext, was Sie machen wollen, und verlieren Sie sich nicht in Details. Es ist wichtig, schnelle und einfache Signale zu setzen. Schließlich suchen Unternehmen nach genau solchen Signalen, wenn Sie eine Zeitung durchblättern. »Den oder die können wir gebrauchen« – Ihr Ziel ist es, dass möglichst viele Chefs genau das denken. Versetzen Sie sich also in den Suchenden hinein und streichen Sie alles, was die eine, klare Aussage verwässert.

Statten Sie die Anzeige dennoch mit einigen zusätzlichen Angaben aus, etwa Sprachkenntnissen oder Erfahrung mit Office-Programmen. Ein Hinweis auf das Erscheinungsbild ist bei Empfangsjobs wichtig, bei standardisierten Tätigkeiten sollte auch ein kleiner Eindruck von Ihrer Persönlichkeit entstehen. Niemand ruft aufgrund der dürren Beschreibung »Auto« in einer Anzeige an. Interessenten müssen die Farbe kennen, das Modell, die Ausstattung, den Jahrgang. Ja, den Jahrgang oder wenigstens das Jahrhundert, in dem Sie geboren sind. Es geht um eine ganz grobe altersmäßige Einschätzung.

Altersangabe in Anzeigen

Werde ich nicht sofort diskriminiert, wenn ich mein Alter nenne? Das kann sein. Es kann aber auch sein, dass aufgrund einer fehlenden Aussage zum Alter gar nicht erst angerufen wurde.

»Der ist doch bestimmt 63« – solche oder ähnliche Vermutungen verselbständigen sich schnell, beginnen zu kreisen und gefährden Ihren Erfolg. Gerade in kleineren und mittleren Unternehmen spielt das Alter eine oft untergeordnete Rolle. Eine Chefsekretärin muss (und darf) kein junger Hüpfer mehr sein und auch der Finanzbuchhalter kommt mit angegrauten Schläfen kompetenter rüber.

Oft ist es auch gar nicht nötig, das genaue Alter zu nennen. Es genügen allgemeine Beschreibungen, denen sich auch die Unternehmen beim Verfassen ihrer Annoncen gerne bedienen: »Junger Vertriebsmitarbeiter« meint vermutlich irgendetwas im Bereich unter 35. Der »Jüngere Vertriebsmitarbeiter« kann auch schon mal knapp 40 sein. Die Berufserfahrung in Jahren deutet ebenfalls an, dass Sie nicht mehr ganz so jung sein können, lässt das genaue Alter aber offen. Der Zusatz »Sehr erfahren« ist ein weiteres Indiz für ein etwas höheres Alter.

Kurzum: Es ist eine Frage der Strategie. Die Reaktionen werden unterschiedlich ausfallen. Am besten wählen Sie den Weg, mit dem Sie sich identifizieren können. Stehen Sie zu Ihrem Alter. Sie sollten allerdings dafür die richtigen Worte finden. Stellen Sie sich nicht als »Fossil« dar, sondern betonen Sie Ihre Erfahrung. Nennen Sie das Alter nicht, haben Sie die Möglichkeit, im Gespräch individuell darauf einzugehen. Da nach einem Gesuch oft die telefonische Verabredung zum Vorstellungsgespräch folgt und dabei eher selten nach dem Alter gefragt wird, können Sie oft flexibel reagieren.

Kenntnisse in Anzeigen

Was kann ich für Unternehmen leisten? Diese Frage muss eine gute Annonce knapp beantworten. In der Anzeige eines Buchhalters muss stehen, dass er die Finanzbuchhaltung beherrscht und möglicherweise das entsprechende SAP-R3-Modul. Die Fremdsprachensekretärin sollte kundtun, welche Sprachen sie wie gut beherrscht, und die Anzeige der Verkäuferin sollte etwas über ihre Branchenerfahrungen aussagen. Eine Fleischereiverkäuferin kann man sich eben nicht unbedingt in einer schicken Boutique vorstellen. Denken Sie die Gedanken der Entscheider vor. Was sind typische Qualifikationen, die jeder mitbringen muss? Womit können Sie zusätzlich punkten?

Gesuche für Spezialisten

Sie sind ein hochqualifizierter Spezialist und wollen Ihre Tätigkeit auch weiterhin ausüben? Ihre Anzeige muss alle relevanten Angaben enthalten und möglichst faktenorientiert sein. Was unbedingt hineingehört: Ihre Berufsausbildung, der akademische Abschluss, Ihre Berufserfahrung in Jahren, Ihre Berufserfahrung in inhaltlicher Beschreibung und die jeweilige Branche.

Aussagen wie »Englisch verhandlungssicher« oder »Fünf Jahre Auslandserfahrung (Indien, Thailand, Brasilien)« kommen dazu.

Ihr Gesuch passt in die *Frankfurter Allgemeine Zeitung*, die *Süddeutsche Zeitung* und eventuell in die *Zeit*. Im Internet: *stepstone.de, monster.de, jobpilot.de*, eventuell auch Branchenstellenmärkte.

Gesuche für Teilzeit-Stellen

Wenn Sie eine Teilzeit-Stelle suchen, sollten Sie in der Anzeige deutlich machen, was und wann Sie arbeiten können. Die meisten Mütter arbeiten vormittags während der Kindergarten- und/oder Schulzeiten. Deshalb suchen viele Arbeitgeber Teilzeitkräfte für nachmittags. Nachmittagsjobs sind dementsprechend leichter zu finden. Ihr Gesuch findet in der Tageszeitung oder in einem Wochenblatt die meiste Beachtung.

Ein gutes Gesuch texten

Welche Argumente sind aus Arbeitgebersicht die zentralen? Sammeln Sie diese und bringen Sie sie in eine Ordnung, nach dem Prinzip »das Wichtigste zuerst«.

1. _____

2. _____

3. _____

4. _____

5. _____

Geben Sie dem Text eine Überschrift, die den Inhalt auf den Punkt bringt. Sagen Sie dann präzise, als was Sie arbeiten wollen.

Überarbeiten Sie den Text mit folgenden Tipps:

- Worte wie »Suche« oder Einschränkungen (»nicht ...«) haben in einem Gesuchstext keinen Platz.
- Füllwörter raus.
- Mehrdeutige Aussagen klären.
- Denksportaufgaben raus, Klarheit rein.
- Lassen Sie den Text von Bekannten durchlesen. Ist er wirklich sofort eingängig?

Ihre Anzeige muss dem Leser sofort ins Auge springen. Einiges spricht also für eine gewisse Größe. Auch die gestalteten Anzeigen der Unternehmen im Anzeigenteil der Tageszeitung werden wesentlich besser beachtet als die Kleinanzeigen. Übertreiben Sie es aber nicht. Wählen Sie in jedem Fall eine Gestaltung, die Ihr Gesuch von den anderen abhebt. Ein Rahmen oder die Überschrift in Großbuchstaben oder fett – mit einfachen Mitteln können Sie Ihr Juwel aus der Bleiwüste hervorheben. Selbstverständlich ist eine Position am Anfang der Rubrik besser als eine in der Mitte oder am Ende. Sprechen Sie mit der Anzeigenabteilung über den idealen Platz.

Einfachere Jobs statten Sie mit etwas Persönlichkeit aus. Wählen Sie Adjektive, die Sie gut beschreiben und die nicht so typisch, verbreitet und kraftlos sind wie »teamfähig« und »engagiert«.

Sympathische Sekretärin
37, zupackend und superfit am PC, immer freundlich am Telefon, Englisch und Spanisch fließend, freut sich auf Ihr Jobangebot.

Betonen Sie persönliche Faktoren wenn Sie sich dadurch von anderen unterscheiden können. Je fachlicher Ihr Profil, desto weniger »Wortschaum« ist allerdings nötig.

Software-Architekt
41 Jahre, Dipl.-Mathematiker, 10 Jahre bei Sun Microsystems, spezialisiert auf Architektur von Bürosoftware, 7 Jahre Projektleitungserfahrung, exzellente Programmierkenntnisse in C++, Java Server Pages, J2IEE

> **Meine Erfahrung**
>
> Als Betriebswirt zu arbeiten, das war nie mein Wunsch. Ich habe das einfach studiert, ohne wirklich je vorzuhaben, im Managementbereich tätig zu werden. Deshalb habe ich auch nie einen Abschluss gemacht. Für Zahlen und Text habe ich mich dagegen schon immer interessiert. Mein Traum war es, Geschäftsberichte zu schreiben. Als Geschäftsberichtsschreiber habe ich mich dann in der *FAZ* dargestellt. Der Abteilungsleiter eines großen Konzerns rief mich daraufhin an und ich durfte schon nach wenigen Tagen in der internen Kommunikationsabteilung anfangen. Für dieses Unternehmen habe ich 15 Jahre lang gearbeitet. Ich weiß, dass es auch nach mir immer wieder Mitarbeiter auf Gesuche hin angesprochen und eingestellt hat.
>
> *Hans, Texter*

Wo Sie Gesuche schalten sollten

Der Erfolg Ihrer Anzeige steht und fällt mit dem richtigen Publikationsort. Für den einen passt das Wochenblatt (z. B. Teilzeitjobs, Handwerk), für den anderen die Tageszeitung (kaufmännische Jobs mit hohem Standardisierungsgrad) und für den dritten eignet sich die *FAZ* am besten (Spezialisten, Manager).

Auch Branchenblätter und das Internet können wertvolle Träger für Ihr Gesuch sein.

Je spezieller Ihre Ausbildung ist und die Branche, in der Sie sich bewegen, desto eher sollten Sie sich mit Ihrem Gesuch in eine branchenspezifische Publikation zurückziehen. Fragen Sie sich, was Wunsch-Chefs lesen? Ist es *Der deutsche Drucker*, *Textilwirtschaft*, *Logistik heute* oder *Journalist*? Hier »liest sich« die Crème de la Crème der jeweiligen Branche. Falls Sie nicht sicher sind, welche hauptsächlichen Medien tatsächlich gelesen werden, sparen Sie sich die Internetrecherche. Wirklich weiter bringt Sie nur direktes Nachfragen: Erkundigen Sie sich z. B. beim Chef der Baufirma nach seinen Vorlieben. Bei dieser Gelegenheit können Sie sich auch gleich vorstellen und ins Gespräch bringen.

Standardisierte Berufe erfordern ein breiteres Publikum. Den Buchhalter etwa können viele Unternehmen gebrauchen, entscheidend ist nur, ob er Finanz- oder/und Lohnbuchhaltung beherrscht. Das Gleiche gilt für alle

Office-Kräfte. Ein breites Publikum treffen Sie in Tageszeitungen an. Handwerker, einfachere Arbeitskräfte und Teilzeitkräfte können ihren Job darüber hinaus auch über das Wochenblatt finden, das an ihrem Ort die höchste Auflage hat. Das gilt ebenso für typische Angestellte von Kleinfirmen und Freiberuflern – etwa Steuerfachgehilfen, Anwaltsgehilfen und Arzthelferinnen.

Der Nutzen des Internets ist umstritten: Die meisten Bewerber in den allgemeinen Jobbörsen wie *monster.de, stepstone.de* oder *jobpilot.de* erhalten kaum Resonanz – hier berichten IT-Fachkräfte, Office-Personal und andere Berufsgruppen von ähnlich schlechten Erfahrungen. Je spezieller das Angebot, desto höher sind die Aussichten, wahrgenommen zu werden. Kontakte ergeben sich jedoch meist nur vereinzelt und nicht so gebündelt wie nach einem Tageszeitungsinserat. Ein Inserat im Internet sollte auch stets nur als flankierende Maßnahme dienen.

Chiffre oder Telefonnummer?

Gegenfrage: Wer wird sich die Mühe machen, Ihnen einen Brief zu schreiben? Denken Sie einmal darüber nach – dann haben Sie die Lösung.

Wenn Sie eine sehr allgemeine, austauschbare Tätigkeit ausüben, sollten Sie den potenziellen Interessenten spontane Anrufe ermöglichen. Einen Anruf überlegt man sich nicht lange, einen Brief dagegen schon. Auf dem Weg von der Idee (»den könnte man mal kontaktieren«) bis zur Handlung (»ich schreibe und bewerbe mich beim Bewerber«) vergeht zu viel Zeit, in der sich wahrscheinlich mehr als die Hälfte aller potenziellen Interessenten anders entschieden haben. Nicht einmal Unternehmen schalten heute noch Chiffre-Anzeigen – die Anonymität bringt keinen Vorteil. Und wer einen Bewerberansturm vermeiden will, steuert die Auswahl über einen Personaldienstleister.

Wenn Sie Ihre Telefonnummer offen legen, müssen Sie unter Umständen einige nervige Werbeanrufe über sich ergehen lassen. Auch zweifelhafte Angebote sind möglich. Doch wenn der Preis dafür die Aussicht auf einen Job oder sogar ein Arbeitsvertrag ist, dann hat es sich gelohnt – oder?

Wann und wie oft schalten?

In Urlaubszeiten wird kaum eingestellt und weniger gelesen. Achten Sie beim Timing also auf den richtigen Zeitrahmen: nicht vor den Oster- oder Sommerferien, in Wochen mit Feiertagen, kurz vor Weihnachten. Die beste Zeit ist von Anfang des Jahres bis zu den Sommerferien – zumal in der ersten Jahreshälfte ohnehin 70 Prozent aller neuen Arbeitskräfte eingestellt werden. Wiederholen Sie eine Anzeige nicht gleich in der Woche darauf. War die Resonanz geringer als erwartet, holen Sie erst einmal vier bis sechs Wochen Luft, bevor Sie einen erneuten Anlauf starten. Sollte Ihr Inserat auch dann nicht die gewünschten Anrufer bringen, überdenken Sie Ihre Zielgruppe, den Text und das Medium.

Meine Erfahrung

Ich habe bestimmt 150 Bewerbungen verschickt, war auch ein paar Mal eingeladen worden – doch persönlich hat es nie geklappt. Entweder war ich zu erfahren oder hatte zu wenig Praxis. Die lange Arbeitslosigkeit hatte mein Selbstbewusstsein angegriffen und ich stellte mich wohl immer zu negativ dar. Tatsächlich hatte ich das Gefühl, nichts zu können. Ich war schon in Hartz IV abgerutscht, musste umziehen und machte dabei die Erfahrung, dass keiner eine Arbeitslose haben wollte. »Ziehen Sie doch nach Wilhelmsburg«, sagte mir die Arbeitsamtberaterin. Wilhelmsburg als Stadtteil von Hamburg ist ein Ghetto – und für mich eine Horrorvorstellung, dort zu wohnen. Schlimmer geht nicht.
Da habe ich in einem letzten Kraftakt alles bewegt – und eine Anzeige geschaltet. Ich wurde siebenmal angerufen und viermal eingeladen. Aus dem Job bei einem Schifffahrtsunternehmen ist dann gleich etwas geworden. Ich habe sogar direkt eine ordentliche Bezahlung erhalten. Die typische Rede von der Überqualifikation – plötzlich wurde ich einfach so genommen, wie ich war: mit meiner kaufmännischen Ausbildung und dem Sprachenstudium.

Hanna, Kauffrau und Magister Artium

Die Gesuch-Strategie Schritt für Schritt

1. Entscheiden Sie sich, welche Unternehmen Sie ansprechen wollen.
2. Ersinnen Sie eine prägnante Überschrift, die sofort aussagt, in welchem Bereich Sie einsetzbar sind.
3. Entscheiden Sie sich für eine Zeitung oder Publikation.
4. Sammeln Sie Argumente aus Sicht der Arbeitgeber, die Sie qualifizieren.
5. Reichern Sie die Fakten individuell mit persönlichen Aspekten an, wenn Sie eine eher standardisierte Tätigkeit ausüben.
6. Konzentrieren Sie sich auf die Fakten, wenn Sie eine fachliche Richtung einschlagen wollen.

Die abgewandelte Initiativstrategie

Motto: Ich ruf an oder komme vorbei

Was diese Strategie ausmacht

Das ist der Klassiker des Bewerbens ohne Bewerbung: die Initiativstrategie. Ich nenne sie eine abgewandelte Initiativstrategie, weil die vorgestellte Variante sich in zwei wesentlichen Punkten von der üblichen Initiativbewerbung unterscheidet: Erstens: Sie fragen nicht, ob Stellen frei sind und Sie sich bewerben dürfen. Und zweitens: Sie begeben sich nicht in eine Bittstellerposition.

Die abgewandelte Initiativstrategie gibt es in drei Varianten:

1. Telefonakquisition: Statt sich mit der Aussage »Schicken Sie mal« (Ihre Bewerbung) abspeisen zu lassen, versuchen Sie, einen direkten Vorstellungstermin zu bekommen. Es gelingt Ihnen, die Aufmerksamkeit auf der anderen Seite der Leitung in einer Art zu wecken, dass eventuell später eingehende schriftliche Unterlagen tatsächlich auch beachtet werden.
2. Der Post- oder E-Mail-Weg: Sie schreiben einen wirkungsvollen Initiativbrief.
3. Der Live-Kontakt: Wenn die Rahmenbedingungen stimmen, gehen Sie direkt und ohne vorher anzurufen bei der Firma, für die Sie sich interessieren, vorbei.

»Kalt« akquirieren bedeutet, dass Sie keinen Bezug zum Unternehmen haben. Das sollten Sie nur tun, wenn Sie sich nicht auch anders einen Zugang beschaffen können. Einen »warmen« Zugang bieten Mitarbeiter im Unternehmen, auf die Sie Bezug nehmen können, oder Menschen im Umfeld des Ansprechpartners, die Sie kennen.

Für wen sich die Strategie eignet

Die abgewandelte Initiativstrategie eignet sich für alle Bewerber – gleich welchen beruflichen Hintergrund sie haben und egal auf welcher Ebene sie arbeiten.

Allerdings empfiehlt sich nicht jede Variante für jeden Bewerber. Die Live-Version (Sie kommen direkt und ohne Vorwarnung vorbei) bewährt sich vor allem für Menschen, die einfache, standardisierte Tätigkeiten ausüben und sich in kleinen Firmen bewerben: Handwerker, Bürokräfte, Arzthelferinnen und so weiter. Weniger geeignet ist sie für den Kontakt zu großen Konzernen und Institutionen. Doch keine Regel ohne Ausnahme: So soll eine Bewerberin bei einer Industrie- und Handelskammer vorbeigejoggt und im Sportdress nach dem Chef gefragt haben. Er war da, bat um ein Gespräch und stellte die Bewerberin ein. Auch die Kombination kleine Firma und höher qualifizierter Job kann funktionieren: So hatte sich eine Marktforscherin persönlich bei mehr als 30 Instituten vorgestellt, ohne telefonische Vorverabredung. Viermal wurde sie direkt zum Gespräch mit Chef oder Chefin hereingebeten.

Die Telefonvariante eignet sich für alle, die speziellere Berufe ausüben. Auch Menschen, die in einer anderen Stadt wohnen, als sich das Wunschunternehmen befindet, und deshalb gar nicht die Möglichkeit haben, mögliche Arbeitgeber persönlich abzuklappern, können so den ersten Kontakt aufnehmen.

Welche Risiken diese Strategie birgt

Das größte Risiko liegt darin, dass Ihnen die Strategie nicht vollständig gelingt und am Ende doch ein »Schicken Sie mal ...« steht – ein ziemlich sicheres Zeichen dafür, dass Ihre Bewerbung untergehen wird. Viele Unternehmen beschreiten hier den Weg des geringsten Widerstands: Um Ruhe zu haben und niemanden vor den Kopf zu stoßen, fordern sie Unterlagen an, auch wenn sie null Interesse haben. Manche Unternehmensvertreter lassen sich Mappen auch nur deshalb zuschicken, weil sie so sichergehen möchten, dass sie kein Supertalent übersehen. In der Praxis führen Schicken-Sie-mal-Bewerbungen jedoch höchst selten zu Vorstellungsgesprächen. Die Kunst liegt also darin, diese Art von Bewerbungen zu vermeiden – und das gelingt nur durch gekonntes Vorgehen, egal auf welchem Weg.

Meine Erfahrung

Ich bin Personalreferentin in einem Hamburger Konzern. Wir sind alle ziemlich genervt von den vielen Initiativbewerbern. Wir dürfen sie aber nicht vor den Kopf stoßen, weil der Chef natürlich sauer reagiert, wenn wir ein Talent übersehen. Im Allgemeinen machen es aber alle Kollegen wie ich: Initiativbewerbungen tüten wir einfach um, nehmen sie unbesehen aus dem Umschlag und schieben sie mit Standardabsagebrief in einen neuen. Ich hab dabei kein schlechtes Gefühl: Sollen sich die Leute doch besser informieren und sich auf ausgeschriebene Stellen bewerben.

Lisa, Personalreferentin

»Darf ich mir Ihren Namen notieren?«

Sie haben schon gewonnen, wenn die Person am anderen Ende der Leitung diese Frage stellt. Mehr können Sie bei einem größeren Unternehmen nicht erreichen. Bei kleineren Betrieben ist es der persönliche Termin. In beiden Fällen sind Sie wirklich sehr weit gekommen sind. Sie haben Aufmerksamkeit geweckt, und Ihre Mappe – die Sie nun einsenden – wird jetzt mit ganz anderen Augen betrachtet werden.

Bei den schriftlichen Unterlagen empfiehlt sich Bewährtes: Im Anschreiben beziehen Sie sich auf den persönlichen Kontakt. Vermeiden Sie jedoch die beamtensprachliche Standformulierung »bezugnehmend auf unser Gespräch«. Greifen Sie Sätze heraus, die Ihnen in Erinnerung geblieben sind, wählen Sie ruhig eine persönlichere Form – und vermeiden Sie das Wort »Bewerbung«. Es wird auch ohne diese Vokabel deutlich werden, worum es Ihnen geht.

Beispiel

Sehr geehrter Herr Hugendübel,

über unser Gespräch habe ich noch lange nachgedacht. Ich finde es toll, dass Sie sich so für Ihre Mitarbeiter engagieren, dass Sie sie auch schon mal in ihr Ferienhaus einladen. Es gibt leider nur noch wenige Unternehmer von Ihrem Schlag. Das ist ja auch der Grund, aus dem ich bei Ihnen angerufen habe.

»Bevor ich Sie einlade, schreiben Sie mir doch, warum ich Sie einstellen soll«, haben Sie gesagt. Das will ich nun tun. (...)

Telefonakquisition

Viele Bewerber empfinden nackte Angst vor dem Telefonieren mit fremden Personen, zumal, wenn es sich dabei um Entscheider handelt. Das liegt daran, dass sie nicht sehen, wie der Mensch auf der anderen Seite reagiert. Sie haben Angst vor Ablehnung. Deshalb freuen sie sich, wenn sie lesen oder hören, dass Personalverantwortliche nicht den geringsten Wert auf den Anruf vor der Bewerbung legen (was immer mal wieder in Zeitungen und Magazinen zu lesen ist). Es bestätigt sie in der eigenen Anti-Haltung. Und was ist erleichternder als die Bestätigung dafür, dass man nicht tun muss, was empfohlen wird, weil es ohnehin nichts bringt?

Tja. Es ist in der Tat so, dass Anrufe diesen Skeptischen meist misslingen. Bewerber, die eigentlich nur bestätigt wissen wollen, dass das, was sie denken, richtig ist – solche Bewerber geben sich keine Mühe. Ich muss Ihnen nicht erklären, warum. Die Gespräche misslingen, weil es keine Gespräche sind. Der Bewerber leiert ein Sprüchlein runter, das etwa lautet. »Ich bin soundso und wollte fragen, ob Sie einen Job für mich haben«. Die Antwort ist mit hoher Wahrscheinlichkeit ein »Nein«. So erweckt man natürlich nicht das geringste Interesse.

Daraus ergibt sich schon, wie gute Akquisitionsgespräche ablaufen: Es entsteht ein Austausch, der weit über das »Abfragen« hinausgeht. Am Ende kann sich Ihr Gesprächpartner Ihren Namen merken – oder fragt zumindest nach, wie Sie heißen.

Mit wem telefonieren?

Sprechen Sie mit demjenigen, der den größten Bezug zu Ihrem Fachbereich hat. Das ist eine Person, die von guten Mitarbeitern – wie Ihnen – direkt profitiert und die am ehesten spürt, wenn Arbeitskraft fehlt. Eventuell ist es der Firmenchef, vielleicht ein Abteilungsleiter, nur in Ausnahmefällen der Personalentscheider.

Am besten ersurfen Sie sich den richtigen Ansprechpartner im Internet oder in einer Firmendatenbank wie Hoppenstedt. Schauen Sie auch einmal im Open BC (siehe *www.openbc.com*) nach und fragen Sie einen Mitarbeiter der Firma per E-Mail an. Falls all das Sie nicht weiterbringt, versuchen Sie es telefonisch über die Zentrale.

»Wie war doch noch …? Och, der Herr … Mit M … glaube ich. Das ist der Leiter der IT-Abteilung.« »Ah, Sie meinen Herrn Meier, natürlich, der hat die Durchwahl 345.«

So einfach wie in dieser kleinen Szene ist es natürlich nicht immer. Viele Telefonzentralen sind auf solche trickreichen Überrumpelungsversuche vorbereitet. Hier hilft eventuell der Hinweis auf »privat« oder auf ein wichtiges Angebot (siehe Angebotsstrategie), das sich der Chef nicht entgehen lassen darf.

Geschafft? Oft tut es gut, nach dem ersten Erfolgserlebnis (der Name und im Idealfall die Durchwahl des Ansprechpartners ist notiert) einmal tief durchzuatmen – um es mit etwas Abstand unter der direkten Telefonnummer zu versuchen. Am besten lassen Sie sich dann direkt zur gewünschten Person durchstellen. Das Wort »Bewerbung« darf unter keinen Umständen fallen. Nein, nein, Sie wollen lieber persönlich mit XY sprechen, vielleicht privat, vielleicht, weil Sie ihm etwas Wichtiges zu sagen haben.

Sie schaffen es trotz aller Kunstgriffe nicht bis zum Chef? Dann versuchen Sie sich durch Fachfragen von der Sekretärin oder dem Personaler loszueisen. Sie verschrecken Ihr Gegenüber mit Fragen, die von Laien nicht beantwortet werden können. Pochen Sie auf Ihr Recht, eine kompetente Antwort zu erhalten, und geben Sie sich nicht mit Halbgarem zufrieden.

Bleiben Sie hartnäckig, auch wenn Sie immer wieder anrufen müssen, weil der Chef nie da ist oder nicht durchstellen lässt. Irgendwann werden Sie es schaffen. Das ist dann auch der Punkt, an dem Sie als besonders durchsetzungskräftig aufgefallen sind. Wenn es nicht gerade um die Position einer schüchternen Büromaus geht, ist das auch gut so.

Wie muss ich das Gespräch führen?
Stellen Sie möglichst viele offene Fragen. Das sind Fragen, die nicht mit Ja oder Nein oder einer kurzen Zahl oder Aussage beantwortet werden können, sondern den Gesprächspartner zum Erzählen verleiten. »Wer fragt, führt« lautet nicht ohne Grund einer der Kernsätze der Kommunikationspsychologie. Fragen bedeutet auch, dem anderen Raum geben. Das vermittelt Ihrem Gesprächspartner das Gefühl, ernst genommen zu werden. Gerade Fachleute reden sehr gerne über ihr Fachthema. Es tut ihnen gut zu fachsimpeln, ganz egal, in welcher Position sie sich befinden.

Am Ende des Gesprächs steht eine Zielvereinbarung. Auch hier sollten Sie versuchen, das Zepter in der Hand zu behalten. Die erste Priorität besteht darin, einen direkten Kennenlern-Termin zu vereinbaren (siehe Terminstrategie, ab Seite 217). Als zweite Möglichkeit bieten Sie weitere Informationsunterlagen an, etwa Ihren Lebenslauf. Lassen Sie Schriftliches aber nicht einfach vom Anker, ohne das verbindliche Nachhaken innerhalb eines Ihrerseits definierten Zeitraums anzukündigen.

> **Tipp**
>
> Ihre Unterlagen sind so wertvoll, dass Sie sie nicht jedem schicken möchten, das müssen Sie deutlich machen. Wenn Sie Zweifel haben, ob Ihr Gegenüber das auch so verstanden hat, sagen Sie selbstbewusste Dinge wie »Ich bin mir nicht sicher, ob ich Ihnen meine Mappe schicken soll. Sie ist wertvoll und nicht für jeden bestimmt«. Das mag arrogant wirken, wird aber in jedem Fall hellhörig machen.

Ablauf einer Telefonakquisition

1. Nennen Sie laut und deutlich Ihren Namen. Guten Tag, meine Name ist …
2. Fragen Sie den Gesprächspartner, ob er drei Minuten Zeit für Sie hat.
3. Falls ja: Stellen Sie sich mit nicht mehr als drei Aussagen vor.
4. Falls nein: Erkundigen Sie sich, wann es besser passt. Bieten Sie an, selbst noch einmal anzurufen.
5. Wählen Sie einen Gesprächseinstieg, z. B. über eine Frage oder eine Feststellung, die das Gegenüber kommentieren muss (»Ich habe gelesen, dass …«)
6. Versuchen Sie über die Frage/Feststellung ins Gespräch zu kommen.
7. Suchen Sie Ansatzpunkte für Smalltalk (»Ich höre, Sie kommen aus Bayern, Nordbayern, richtig?«).
8. Schildern Sie Ihr Anliegen (»Ich bin derzeit auf der Suche nach möglichen neuen Arbeitgebern. Deshalb habe ich so viele Fragen … Bin ich mit meinem Anliegen richtig bei Ihnen?«). Bitten Sie um Rat und/oder Unterstützung.
9. Es besteht Interesse an einem Treffen oder Ihrem Lebenslauf? Wunderbar!
10. Es besteht kein Interesse an einem Treffen oder Ihrem Lebenslauf? Fragen Sie, warum das so ist und ob es sich in den nächsten Monaten ändern kann (und Sie sich wieder melden dürfen). Bitten Sie auch dann um Unterstützung: »Schade. Können Sie mir vielleicht einen Tipp geben, bei welchen Unternehmen ich einmal anrufen könnte?«

Notieren Sie die Gesprächsergebnisse. Vermerken Sie auch Besonderheiten des Gesprächs und der Person. Sie können später leicht darauf Bezug nehmen. Sie werden merken: Je mehr Gespräche Sie führen, desto stärker rückt das einzelne in den Hintergrund. Sie sind auf schriftliche Unterlagen angewiesen, um sich auch nach mehreren Monaten noch an den ersten Kontakt zu erinnern.

Gesprächsleitfaden

Gesprächspartner:

Gespräch am:

Ziel des Gesprächs:

Gesprächseinstieg:

Selbstdarstellung:

1.

2.

3.

Folgegespräch vereinbart am:

Gesprächsergebnis:

Bemerkungen:

Wie lange dauert es, bis ich erfolgreich bin?

Von zehn initiativ geführten Telefonaten sind in der Regel ein bis zwei erfolgreich. Kann sein, dass ein Vorstellungsgespräch »herausspringt« oder verhaltenes Interesse bekundet worden ist. Insbesondere das »verhaltene« Interesse gilt es weiterzuverfolgen und zu entwickeln. Rufen Sie immer mal wieder an, um sich nach dem aktuellen Stand zu erkundigen oder einfach nur um von sich hören zu lassen und zu plaudern. Nach und nach werden Sie so zu einer bekannten und irgendwann vielleicht sogar zu einer vertrauten Person. Dann rückt auch der Job näher.

Schriftliche Akquisition

Vergessen Sie die Personalabteilung. Lassen Sie auch die Fachabteilung links liegen. Schreiben Sie dem Geschäftsführer oder dem Vorstand eines Unternehmens, eventuell auch einer anderen, in jedem Fall aber hochstehenden Person.

Schreiben Sie einen Brief, der es in sich hat. Machen Sie neugierig, sagen Sie, dass es Sie gibt und dass das Unternehmen Sie braucht, genau Sie. Das ist das Geheimnis einer guten schriftlichen Akquisitionsmaßnahme. Dafür gibt es auch einen Namen: Unter dem Begriff »Zielgruppenkurzbewerbung« ist der persönliche Brief unter Karriereberatern bekannt.

Die schriftliche Akquisition hat die besten Erfolgsaussichten, wenn Sie so richtig etwas zu bieten haben. Um was genau es sich dabei handelt, ist in diesem Zusammenhang sehr stark eingeschränkt: spezifische Branchenerfahrung und Kontakte. Diese machen Sie besonders, unterscheiden Sie von anderen. Ausbildung und allgemeine Kenntnisse spielen eine untergeordnete Rolle.

Ihre spezifische Branchenerfahrung und die Kontakte müssen von dem Unternehmen gebraucht werden. Man würde etwas verpassen, wenn man Sie davonziehen ließe, das ist im Idealfall der Gedanke Ihres Ansprechpartners. Deshalb macht ein wenig Geheimniskrämerei durchaus Sinn: Sagen Sie gerade so viel, dass Sie interessant genug sind und so wenig, dass Fragen offen bleiben. Mehr dazu im nächsten Abschnitt über die Cliffhanger-Bewerbung.

Beispiel

Sehr geehrter Herr Maier,

ich möchte mich Ihnen kurz vorstellen:

Derzeitige Position:	Sales Director
Ausbildung:	MBA
Angestrebte Position:	Verantwortungsvolle Position im Vertrieb Europa
Spezielle Erfahrung:	Osteuropa, Indien
Branchenerfahrung:	Hardware, Consumer Electronics
Persönliches Merkmal:	Beste Kontakte europaweit, überzeugungsstark und präsentationssicher
Umsatzvolumen:	Bis 20 Millionen Euro

Ich bin als Mitarbeiter interessant für Sie, weil ich in Ihrem Markt bereits nachweislich sehr viele Dinge bewegt habe, auf denen sich weiter aufbauen lässt. Darüber würde ich mich sehr gerne mit Ihnen persönlich unterhalten.

Bis dahin nur so viel: Als Sales Director habe ich für das Unternehmen Hardware GmbH bis 2000 zahlreiche osteuropäische Länder wie Russland und Polen erschlossen. Für Gecko Europe habe ich ab 2000 den Vertrieb in vielen osteuropäischen Ländern komplett neu aufgebaut.

Während meiner mehr als zehnjährigen Vertriebstätigkeit in Europa konnte ich zahlreiche Kontakte auf oft hoher und höchster Ebene aufbauen. In der Firma Hardware GmbH war es wesentlich mein Anteil, dass der Umsatz auf zuletzt 20 Millionen Euro gesteigert werden konnte.

Da meine Mutter Polin ist und ich einen hohen Bezug zur osteuropäischen Kultur besitze, außerdem über die entsprechenden Sprachkenntnisse verfüge, eigne ich mich besonders dafür, den potenzialreichen osteuropäischen Markt zu erschließen und auszubauen. Ich weiß, dass es Ihnen ein Anliegen ist, hier aktiv zu werden.

Ich bin absolut präsentationssicher und verhandlungsstark. Den Markt für Hardware kenne ich wie kaum ein Zweiter, da mich diese Produkte auch besonders interessieren.

Aufgrund eines Vorstands- und Strategiewechsels wird sich mein Arbeitgeber künftig auf andere Bereiche und Regionen konzentrieren. Vom Abbau der letzten Monate bin ich nicht betroffen, wünsche mir aber trotzdem die Chance, auf meinen bisherigen Erfahrungen aufzubauen und das vorhandene Potenzial auf dem Hardwaremarkt nutzen zu können.

Deshalb spreche ich Sie an und bitte um einen persönlichen Gesprächstermin.

Mit freundlichen Grüßen

Der Cliffhanger-Brief

Cliffhanger sind Nachrichten, die eine Frage offen lassen. Sie kennen solche Nachrichten z. B. vom Portal *Spiegel online*. Die Texte auf der Homepage sind oft so spannend aufbereitet, dass Sie immer weiter klicken müssen. Schließlich wollen Sie ja noch wissen, wie ... was ... warum ... Wenn Sie einen Cliffhanger-Brief an einen Vorstand oder Geschäftsführer schreiben, können Sie ebenfalls Fragen offen lassen – die Sie dann in einem persönlichen Gespräch gerne beantworten. Ein Beispiel dafür ist im obigen Brief die Frage nach dem Woher? Woher weiß der Schreiber, dass es dem »Unternehmen ein Anliegen ist, hier aktiv zu werden«? Hat er einen besonderen Kontakt, eine geheime Information?

Die schriftliche Akquisition vorbereiten

In welches Unternehmen können Sie Ihre Kontakte und Branchenkenntnisse erfolgreich einbringen? Denken Sie an Unternehmen, die in bestimmten Feldern noch nicht aktiv sind, Wettbewerber Ihres Arbeitgebers, neue und junge Unternehmen, Unternehmen, denen es an einer bestimmten Erfahrung fehlt, die Sie bieten können und so weiter.

Das Unternehmen ist:
_____

Was genau fehlt diesem Unternehmen, das Sie bieten können?
_____

Auf welche Argumente und Schlagworte wird die Firma vermutlich reagieren? Denken Sie an Qualifikationen Ihrerseits, bestimmte Namen (aus der Branche), Zahlen und Daten sowie Größen, die Ihren Erfolg darlegen.

1. _____
2. _____
3. _____

Wie heißt der Ansprechpartner in dem Unternehmen?
_____

Live-Gespräch

Das Live-Gespräch findet ohne Ankündigung und Terminvereinbarung statt. Sie stellen sich bei den Firmen direkt vor. Eine ideale Strategie für Handwerker, Verkäufer und Bürokräfte, sofern Sie mit Unternehmen einer übersichtlichen Größe liebäugeln und nicht etwa mit Firmen vom Schlag einer VW AG. Bei Konzernen ist ähnlich wie bei großen Firmen die Wahrscheinlichkeit groß, dass Sie abgefangen werden und erst gar nicht zum relevanten Ansprechpartner durchdringen. Sie haben so allenfalls die Möglichkeit, der Sekretärin eine Bewerbungsmappe zu überreichen und mit ihr zu plaudern – was immer noch besser ist, als das Ganze per Post zu schicken. Aber das allein wird nicht zum Arbeitsvertrag führen.

Für kleine Firmen gilt: Fragen Sie nach dem Chef und bitten Sie um ein Fünf-Minuten-Gespräch. Lassen Sie sich nicht abwimmeln, auch wenn ein Mitarbeiter behauptet, der »Boss« habe keine Zeit. Dann kommen Sie eben noch mal – morgen.

Beim Live-Gespräch sollten Sie einen Lebenslauf im Gepäck haben. Diesen übergeben Sie als Gedächtnisstütze. Je nach Job reicht hier auch ein Händedruck und eine Visitenkarte.

Meine Erfahrung

Ich bin Metallfachmann und 38 Jahre alt. Mein letzter Job war leider eine Fehlentscheidung. Der Chef und ich – wir verstanden uns gar nicht. Deshalb war ich nur drei Monate dort. Ich bekam ein mieses Zeugnis, und auch das von der Firma, bei der ich davor gewesen bin, war nicht gerade glorreich. Mit meiner Leistung hat das nichts zu tun. Am ersten Tag meiner Arbeitslosigkeit besorgte ich mir eine Stadtkarte. Ich zog mit dem Zirkel einen Kreis um den Bezirk, in dem ich wohne. Alle Betriebe in 10-Kilometer-Entfernung wolle ich am zweiten und dritten Tag mit dem Fahrrad abklappern. Es waren 25 Unternehmen. Dazu kopierte ich meinen Lebenslauf, das war's. Schon bei Betrieb Nummer 8 hatte ich Erfolg. Die suchten »immer gute Leute«. Nach einem Testarbeitstag konnte ich anfangen.

Vorbereitung auf das Live-Gespräch

Bevor Sie losradeln oder fahren, sollten Sie sich die eigenen Vorzüge noch einmal bewusst machen. Was sagen Sie, wenn Sie sich vorstellen? Überlegen Sie dazu zunächst, was der anderen Seite wichtig ist: Mit welchen Worten können Sie belegen, dass Sie ein »guter« Mann oder eine »tüchtige« Frau sind? Überhaupt: Auf was legt der jeweilige Arbeitgeber in Ihrem beruflichen Umfeld wirklich Wert? Verlieren Sie sich nicht im Bewerberdeutsch.

Was weiß ich über das Unternehmen?
Die Firma ist darauf spezialisiert/produziert/verkauft ...

_____

_____

_____

Was weiß ich über den Chef?
Der Chef ist/soll ...

_____

_____

_____

Was sage ich über mich?
Ich bin ... / Darin bin ich gut ... / Ich habe Erfahrung ... / Das kann ich ...

_____

_____

_____

Welchen Job könnte ich übernehmen?
Ich könnte/bin geeignet/qualifiziert ...

_____

_____

_____

Wie profitiert das Unternehmen von mir und meiner Arbeit?
Es gewinnt ...

_____

_____

_____

Die abgewandelte Initiativstrategie Schritt für Schritt

1. Entscheiden Sie: Schriftlich, telefonisch oder persönlich aktiv werden? Welche Strategie ist Ihre?
2. Entwickeln Sie einen Leitfaden für die Vorgehensweise, z. B. am Telefon.
3. Definieren Sie, was Sie mit dem Gespräch erreichen wollen. Welches Ziel steht am Ende?
4. Fixieren Sie die Aussagen, in denen es um Sie selbst geht.
5. Halten Sie einen aussagekräftigen Lebenslauf parat.
6. Merken Sie sich immer die Namen der Personen, mit denen Sie kommuniziert haben.
7. Fassen Sie nach, falls Ihre Akquisition nicht sofort zum Erfolg führt.

Die Expertenstrategie

Motto: Mein Ruf eilt mir voraus

Was diese Strategie ausmacht

Weil Sie ein Experte sind, kommen alle Unternehmen auf Sie zu – so weit das Prinzip. Als Experte besetzen Sie eine Nische. In dieser Nische sollten nach Möglichkeit nur Sie und vielleicht zwei, drei weitere Kollegen mit ähnlichem – aber besser nicht deckungsgleichem – Status sich tummeln.

Unterschiede zwischen Ihnen und Ihren Kollegen können beispielsweise in der Branchenerfahrung, der Persönlichkeit oder der Ausrichtung auf eine bestimmte Zielgruppe liegen. Ein Beispiel: Während der eine Experte sich vor allem auf dem gesamten chinesischen Markt auskennt, sind Sie Kenner speziell von Hongkong.

Natürlich gibt es unterschiedliche Grade von Expertenstatus, das reicht von sehr »expertigen« bis zu weniger »expertigen« Experten. Beispiel 1: Experten zum Thema »Behindertengerechtes Webdesign« gibt es sicherlich einige Hundert auf dem deutschsprachigen Markt. Allerdings existieren nur wenige Agenturen, die sich auf behindertengerechte Online-Shop-Implementationen spezialisiert haben. Beispiel 2: Experten für Online-Marketing sind zweifellos keine besonders rare Spezies. Experten für Affiliate-Marketing-Programme (Partnerprogramm-Marketing) dagegen sind schon erheblich schwerer zu finden.

Die typischen Experten sind Fachexperten. Das können wissenschaftlich aktive Experten sein oder Praktiker. Wie auch immer: In jedem Fall kennen sie sich in der Tiefe eines Themas besser aus als jeder andere. Zumindest aber können sie sich und ihr Wissen besser verkaufen als jeder andere – und genau das macht oft der Unterschied. Stille Experten bleiben vielleicht ihr Leben lang unentdeckt. Experten, die beruflich erfolgreich sind, gelten fast immer auch als Vertriebsexperten in eigener Sache, andernfalls würden sie gar nicht wahrgenommen werden.

Mit Nischenkenntnissen und Vertriebstalent ausgestattet, finden Sie als Experte überall neue Arbeitgeber. Sie spezialisieren sich so weit, dass Ihr Name automatisch fällt, wenn es um bestimmte Themen geht. Im Internet sind Sie sofort zu finden, wenn das entsprechende Thema eingegeben wird (weshalb Sie die negativen Folgen, etwa Spam, einfach als unabwendbares Übel hinnehmen sollten). Deshalb gibt es auch kaum einen Zweifel daran, wer den Job machen kann, wenn er denn entsteht. Sie als Experte sind so sehr dafür prädestiniert, dass Sie auch ohne ihr Dazutun in die engste Auswahl kommen werden.

Neben den Fachexperten gibt es auch Management-Experten. Das sind Experten, die es auf eine bestimmte Leitungsebene geschafft haben und damit als Manager für bestimmte Branchen und Bereiche auch für alternative Arbeitgeber sichtbar sind. Sie bestechen weniger durch Wissen als vielmehr durch die Ebene, auf der sie sich bewegen. Allein dass Sie es bis dorthin geschafft haben, lässt sie als geeignete Kandidaten für bestimmte Tätigkeiten und Aufgaben erscheinen.

Für wen sich diese Strategie eignet

Die Expertenstrategie ist etwas für alle, die sich auf einen bestimmten Fachbereich spezialisiert haben oder dies tun wollen, wobei oft die Kombination Funktionsbereich (z. B. Vertrieb), Branchenzweig (z. B. Krankenhäuser), Fachkenntnisse (z. B. Hintergrundwissen Software) und Kontakte (zu der Branche) entscheidet. Mitunter kommt noch der Faktor Talent dazu. Auch die Ebene, auf der Sie sich innerhalb Ihres Expertenstatus bewegen, spielt mit hinein.

Beispiele:

- Der Vertriebsleiter für Kliniksoftware, der Produkte, Hintergründe und alle Ansprechpartner in den Krankenhäusern kennt,
- der Lichttechniker, der seit Jahren internationale Openair-Konzerte beleuchtet,
- der Spieledesigner, der bekannte Bestseller-Games entworfen hat.

Egal um welche Branche und welchen Beruf es geht, eines ist sicher: In Ihrem Fachbereich gibt es wenig Konkurrenz. Wer quer einsteigen wollte, bräuchte Monate und Jahre, um den Kenntnisstand einzuholen. Es entsteht somit ein spitzes Berufsprofil, das nur eine Hand voll Menschen erfüllen. Wenn Sie zu dieser Hand voll gehören, brauchen Sie sich höchstwahrscheinlich nie mehr zu bewerben – oder die Abgabe der Unterlagen wird zur reinen Formsache.

Expertenstrategie als Karriereplanungs-Tool

Experte werden Sie nicht von heute auf morgen. Um einen Expertenstatus zu entwickeln, benötigen Sie mindestens zwei Jahre. Eine solche Strategie bewusst zu fahren, kann Ihren beruflichen Erfolg in jedem Fall beflügeln. Entscheiden Sie sich dafür, diesen beruflichen Weg zu gehen, müssen Sie sich zunächst darüber klar werden, wo Sie in zwei Jahren (erste Etappe als Experte ist erreicht) stehen wollen, wo in fünf und wo in zehn Jahren.

Definieren Sie, für was Sie in einem bestimmten Zeitraum stehen wollen. Diese Aussage sollte so kurz wie möglich ausfallen.

Zwei-Jahres-Planung: Ich möchte Experte werden für ...

Wie soll sich Ihr Expertenstatus in fünf Jahren verändert haben? Beispiel: Nach zwei Jahren sind Sie innerhalb einer sehr kleinen Nische bekannt, haben sich einen guten Namen bei wenigen wichtigen Meinungsführern gemacht. In fünf Jahren sind Sie innerhalb der gesamten Branche bekannt.

Fünf-Jahres-Planung:

Und weiter geht es: Wo stehen Sie in zehn Jahren? Beispiel: In fünf Jahren sind Sie auch einem breiteren Publikum bekannt. Sie könnten in zehn Jahren eine Professur übernehmen oder Bücher schreiben. Überlegen Sie. Es ist wichtig, sich darüber Gedanken zu machen, denn das erleichtert es, darauf hinzuarbeiten. Und wenn Sie in zehn Jahren dann doch nach Fuerteventura gezogen sind, um dort eine Surfschule aufzubauen – dann war das eine bewusste Entscheidung, mit dem Lebens- und Karriereplan zu brechen. Das ist immer und zu jedem Zeitpunkt in Ordnung.

Zehn-Jahres-Planung:

Schon innerhalb dieser Zeiträume müssen Sie darauf achten, sich stets weiterzuentwickeln. Oft wird begonnene Spezialisierung nicht weitergeführt. Doch wenn Sie irgendwann zu einer ganz kleinen Gruppe gehören wollen, sollten Sie systematisch in einem Bereich bleiben und Kompetenz, Kontakte und Insider-Wissen ansammeln. Damit Sie nicht Gefahr laufen, irgendwann auf einem Wissens-Abstellgleis zu landen, gilt es dabei immer nach rechts und links zu schauen und sich gegebenenfalls weitere, viel versprechende Bereiche zu erschließen.

Mit welchen Methoden wollen Sie Ihren Expertenstatus weiterentwickeln?
Denken Sie an Weiterbildungen, regelmäßige Lektüre von Zeitungen und Zeitschriften, autodidaktisches Training etc.

1. _____

2. _____

3. _____

Wie wollen Sie Ihren Expertenstatus belegen? Denken Sie an Zertifizierungen und andere Nachweise fachlichen Könnens und Wissens.

1. _____

2. _____

3. _____

Wie wollen Sie Ihren Expertenstatus durchsetzen? Was wollen Sie tun, um bekannt zu werden?

1. _____

2. _____

3. _____

Welche Risiken diese Strategie birgt

Für Experten gibt es nur eine begrenzte Anzahl an Stellen. Das hat Auswirkungen auf Ihre Lebensplanung. Die Stellen befinden sich oft nicht in der Stadt, in der Sie am liebsten wohnen würden, und sie erfordern Reisebereitschaft und erhöhte Flexibilität.

Wer sich spitz – also als Experte und nicht breit als Generalist – aufstellt, läuft zudem Gefahr, dass seine Bereiche irgendwann nicht mehr gefragt sind. Die Gründe dafür sind mannigfaltig: Mag sein, dass die Technik sich weiterentwickelt und Aufgaben wegfallen. Gut möglich, dass die Branche niedergeht, weil sich das Verbraucherverhalten verändert hat. Beispiel Zigarettenindustrie: Weil immer weniger Menschen rauchen und sich europaweit Werbeverbote durchgesetzt haben, werden in diesem Bereich kaum noch Marketingspezialisten gebraucht.

Hier gilt es vorzusorgen – und das ist fast immer möglich. Solche Entwicklungen brechen schließlich nie von heute auf morgen über Branchen ein, sondern vollziehen sich langsam und schleichend. Ruhen Sie sich nicht auf Ihren Lorbeeren aus. Beobachten Sie und versuchen Sie rechtzeitig, Trends zu erkennen. Erwerben Sie weitere Kenntnisse in benachbarten Bereichen, die in Zukunft mehr Bedeutung erlangen werden.

Wann diese Strategie wirkt

Wenn Sie jetzt noch kein Experte sind, es aber werden wollen, planen Sie gut zwei Jahre ein. In diesen zwei Jahren arbeiten Sie sich hoch, bis zu Ihrem Traumjob – oder zumindest ein weiteres Stück in diese Richtung.

Geduld ist bei der Expertenstrategie alles – Sie erfordert neben dem Spaß an dem eigentlichen Thema auch gute Planung und das Selbstbewusstsein, dass es klappen wird.

So werden Sie als Experte gesucht

Über die Mitarbeitersuche haben Sie im ersten Teil dieses Buches schon einiges erfahren: Zuerst wird ein Problem definiert – »Suche Mitarbeiter mit folgenden Kompetenzen ...« –, daraus entstehen Kriterien für die Suche. Nun sinnen die Personalverantwortlichen gemeinsam oder im Team über Nachfolger und ideale Neubesetzungen nach. Vielleicht übergeben die Verantwortlichen die Suche einem Headhunter, aber das macht für die Vorgehensweise keinen Unterschied. Seine Suchkriterien ergeben sich aus dem Auftrag. Und wer letztendlich aktiv sucht, spielt so lange keine Rolle, wie das Ergebnis stimmt.

Sogleich kommen Namen ins Spiel. Da gibt es doch den oder die, die haben schon da oder dort etwas mit Erfolg gemacht. Manchmal schauen die Suchenden nur auf einer bestimmten Hierarchie nach. Das ist ein Phänomen, das vor allem im oberen Managementbereich zu beobachten ist. Bei Manager-Experten spielen Erfolge und Wissen eine mitunter sehr untergeordnete Rolle. Nicht umsonst sitzen in vielen Aktiengesellschaften Vorstände, die bei Licht betrachtet alles andere als erfolgreich sind. Das Prinzip ist aber dasselbe: Das Sichtfeld der Suchenden ist auf bestimmte Suchkriterien eingegrenzt.

Die Verantwortlichen überlegen, wer am besten zu diesen Suchkriterien passt. Bei fachlichen Experten geht es darum herauszufinden, wer eine Nische am klarsten besetzen kann. Bei Manager-Experten geht es um die bereits erreichte Ebene, um Branchenerfahrung und unter Umständen um Erfolge.

Das Jürgen-Klinsmann-Prinzip – Chance für Noch-nicht-Experten

Die auf diese Weise eingeschränkte Suche bringt Arbeitgeber nicht immer weiter. Das ist so wie mit einer Suchmaschine. Es reicht nicht, diese mit nahe liegenden Begriffen zu füttern, um gute Ergebnisse zu bekommen. Oft müssen andere Worte gefunden oder die Suchkriterien geändert werden – erst dann kommen die wirklich relevanten Treffer.

Denken Sie nur an die Auswahl des Coaches für die Fußball-Nationalmannschaft nach dem Rücktritt von Rudi Völler. Es gab nur eine Hand voll Trainer, die für diese Position geeignet zu sein schienen. Das war der enge Kreis, der sich aus den Suchkriterien »Trainer + Deutschland + erfolgreich« ergab.

Als in diesem engen Kreis kein Trainer gefunden werden konnte, erweiterte der DFB ihn. Das Blickfeld öffnete sich, weil auch die Suchkriterien verändert wurden. Hieß es am Anfang noch »Wir suchen jemand, der erfolgreich ist und Erfahrung hat«, veränderten die Kriterien sich im Laufe der Suche in: »Wir suchen jemand, der unser Problem lösen kann. Dies ist idealerweise ein Mensch, der bereits solche Probleme gelöst hat und erfolgreich ist.«

Vielleicht kommt aber auch jemand in Frage, der anders an das Thema herangeht und durch Elan und neue Ideen erfolgreich sein kann, ohne es bisher bewiesen zu haben.« Um das Bild mit der Suchmaschine aufzugreifen: Diese wurde nun mit anderen Begriffen gefüttert, die sich eher aus dem Zufallsprinzip ergaben: »Fußball-Persönlichkeit + erfolgreich + beliebt + innovativ +/– neue Ideen«.

Auf diese Weise kam der Deutsche Fußballverband auf Jürgen Klinsmann – durch Querdenken. Und so könnte ein Unternehmen auch auf Sie kommen. Wenn Sie nicht der nahe liegende Management- oder Fachexperte sind, dann vielleicht jemand in der zweiten Reihe. Dort müssen Sie oft stehen und winken, um auf sich aufmerksam zu machen. Sie müssen mehr beweisen, mehr überzeugen, mehr tun. Aber auch Sie müssen sich nicht mehr aktiv bewerben – oder glauben Sie, dass Jürgen Klinsmann seine Mappe einschicken musste? Besser, Sie bitten um ein Gespräch, in dem Sie beispielsweise Ihre Konzepte zur Problemlösung vorstellen.

Werden Sie eingestellt und lösen Sie das Problem, rücken Sie – gesetzt, Sie schießen beruflich Tore – sowieso in die erste Reihe auf.

Wie Experten sich selbst darstellen

Als Experte haben Sie ein spitzes Profil, kein breites. Das sollten Sie bei der Selbstdarstellung schriftlich und mündlich bedenken. Vermeiden Sie dabei ein Zuviel an Information und schneiden Sie die Infos, die Sie haben, auf unterschiedliche Zielgruppen zu.

Menschen können sich nur eine bestimmte Anzahl an Informationen merken. Sie neigen dazu, Informationen auf das zu reduzieren, was bei Ihnen hängen geblieben ist. Dabei gibt es oft ein Entweder-oder. Bestimmte Kompetenzen schließen sich auf den ersten Blick aus.

Beispiel: Sie sind in der Außenwahrnehmung entweder Experte für Design oder für Programmierung, aber nie für beides. Sie sind entweder Journalist oder Unternehmensberater, entweder Englischlehrer oder Reiseleiter. Entscheiden Sie sich für ein »Dach«, das über Ihrem Expertentum steht. Dann kann man Sie stets einem Bereich zuordnen. Erst eine Ebene darunter geht es um die Beschreibung Ihrer Spezialität.

Die Wahrnehmung reicht stets vom Allgemeinen ins Spezielle, gleich auf welcher Ebene Sie sich bewegen. Die inhaltliche Ausprägung ist allerdings höchst unterschiedlich, gerade wenn Sie als Experte über Wissen verfügen, das die Allgemeinheit nicht hat – gerade wenn dieses Wissen, das sie so speziell und besonders macht, anderes voraussetzt.

Für einen Laien sind Sie einfach Peter, »der so gut programmiert«, vor allem macht der »so Sachen mit diesem firmeninternen Netz«. Für Fachkollegen und Arbeitgeber sind Sie der »PHP-Programmierer mit Kernkompetenzen im Bereich von Intranet-Applikationen und Kundenportalen«. Letzteres ist im beruflichen Zusammenhang entscheidend. Liefern Sie den anderen die Beschreibung Ihrer Tätigkeiten besser selbst. Das verhindert weitestgehend falsche oder verzerrte Wahrnehmungen. Beschreiben Sie sich dabei zunächst auf einer allgemeinen Ebene, bevor Sie ins Spezielle gehen.

Wie kann ich mich vor Laien darstellen?

Meine Laien-Vorstellung:

_____

_____

_____

_____

Was sind die Argumente, die auch Fachleute verstehen?
Beschränken Sie sich auf drei.

Meine Profi-Präsentation:

1. _____

2. _____

3. _____

Formulieren Sie eine kurze Selbstdarstellung:

___

___

___

___

___

Erfolg für erfolglose Experten

»Ist ja schön und gut, was Sie da schreiben, Frau Hofert. Ich bin auch Experte, aber mich spricht keiner an. Ich bin seit mehr als einem Jahr arbeitslos.«

So etwas sagen entweder Experten mit veralteten Qualifikationen oder aber Experten, die sich nicht gut verkaufen können. Ist die Qualifikation nicht mehr auf dem neuesten Stand (häufig bei Technikern, Ingenieuren und IT-Fachleuten), hilft nur eins: die Fähigkeiten dem aktuellen Bedarf anpassen. Dabei unterstützen beispielsweise Weiterbildungen. Der Haken daran: Jede Weiterbildung vermittelt theoretisches Wissen. In der Praxis sind aber Fachleute gefragt, die dieses Wissen bereits praktisch erprobt haben. Eine Möglichkeit besteht darin, in ehrenamtliche oder autodidaktische Projekte einzusteigen, um Theorie in Praxis zu überführen und das Know-how in Zeiten der Arbeitslosigkeit aktuell zu halten (siehe auch die Community-Strategie).

Sie können sich nicht verkaufen? Vertriebstalent lässt sich bis zu einem gewissen Grad erlernen. Es hat übrigens nichts mit »sich anpreisen« zu tun, sondern lediglich mit der Fähigkeit, sich selbst auf bestimmte Argumente reduzieren zu können und selbstbewusst aufzutreten.

> **Tipps**
>
> ▶ Machen Sie sich die eigenen Vorteile immer wieder bewusst.
> ▶ Lernen Sie, Ihre Verkaufsargumente mündlich und schriftlich auf den Punkt zu bringen.
> ▶ Entwickeln Sie eine Selbstmarketing-Strategie (Fachartikel schreiben, Vorträge halten etc.).
> ▶ Üben Sie, sich selbst zu verkaufen, wann immer Sie können.
> ▶ Lassen Sie sich beim Erfolgreich-Experte-Werden coachen.

Schriftliche Unterlagen für Experten

Experten brauchen ein Profil zum Lebenslauf, das sie nicht nur zur Bewerbung, sondern auch bei Vorträgen und Veröffentlichungen zur Selbstbeschreibung nutzen. Es handelt sich dabei um eine DIN-A4-Seite, die Ihre wesentlichen »Verkaufsdaten« enthält.

Konzentrieren Sie sich auf die schriftliche Kompetenzdarlegung, in der Lebenslaufdaten eine untergeordnete Rolle spielen. Ihrem Profil sollten alle relevanten Kenntnisse zu entnehmen sein. Hinein gehören auch Publikationslisten, eventuelle Auszeichnungen und Preise sowie Stipendien.

Beschränken Sie sich auf wesentliche Aussagen. Gerade die Profile von Wissenschaftlern sind häufig deutlich zu umfangreich. Wer jedoch alles sagt, erschlägt den Leser mit zu viel Information. Konzentration auf das Wesentliche lautet das Zauberwort. Experten sollten grundsätzlich alles betonen, das ihren Status stützt. Das fängt an bei Publikationslisten und hört bei Zertifizierungen auf. Je nach Expertentyp gibt es einige Besonderheiten zu beachten.

Wissenschaftliche Experten werden pro forma häufig nach ihrem Lebenslauf gefragt werden. Bereiten Sie diesen zusätzlich zum Profil vor. Ein Anschreiben ist kaum nötig, im Wissenschaftsbereich werden lediglich CVs (englisch für Lebensläufe) weitergereicht – sehr oft auf Englisch.

Manager-Experten sollten ebenfalls ein Profil und einen guten Lebenslauf vorbereiten, der qualitative Aussagen über Verantwortungsbereiche, Mitarbeiter, Budgethöhe und Umsatzverantwortung enthält.

Fachexperten brauchen vor allem eine Kenntnisübersicht, die bei sehr technischem Know-how auch entsprechend detailliert sein sollte. Einzelne Kenntnisse sollten unbedingt bewertet werden, am besten schreiben Sie die Intensität des Umgangs mit der Technologie und die jeweilige Erfahrung in Jahren. Haben Sie Projektarbeit geleistet, gehören die Rolle im Projekt (Projektleiter, Programmierer o. Ä.) und Projektübersichten dazu, die auch eingesetzte Kenntnisse beschreiben, sowie die Dauer des Projekts und das Projektziel.

Die Expertenstrategie Schritt für Schritt

1. Entscheiden Sie, für was Sie Experte sein können.
2. Überlegen Sie, wie Sie sich selbst darstellen, mit welchen Worten und Begriffen Sie operieren werden.
3. Definieren Sie Ihre Jahres-Plan-Ziele.
4. Wie werden Sie Ihren Status aufrechterhalten? Welche Weiterbildungen sind nötig?
5. Wie machen Sie sich bekannt? Wo können Sie als Fachexperte Expertenwissen publizieren?
5. Wie machen Sie sich sichtbar, mit welchen Fotos und Kurzprofilen sowie Publikationslisten?

Die Jobbuilder-Strategie

Motto: Ich back meinen Job selbst

Was diese Strategie ausmacht

Sie schaffen sich Ihren Job einfach selbst. Es gab ihn vorher nicht, dann kamen Sie, stellten unter Beweis, dass Sie gebraucht werden – und haben nun Arbeit. Das klingt unwahrscheinlich – ist es aber nicht. Es bedeutet lediglich, dass Sie einen bestimmten Bedarf (an einer Tätigkeit, einer Dienstleistung oder einem Produkt) erkennen und diesen den richtigen Stellen kommunizieren. Das ist nicht leicht und es kostet Zeit und Mühe. Aber Ihnen ist ja sowieso klar, dass es selten Jobs per Fingerschnipp gibt. Dieses Kapitel zeigt Ihnen alle Beispiele, Wege und Möglichkeiten, sich einen Job selbst zu »backen«.

Diese Strategie funktioniert vor allem im öffentlichen Bereich (wie es auch privatwirtschaftlich geht, lesen Sie am Ende des Kapitels). Wer sich seinen Job selbst backt, muss deshalb meist ein hohes Engagement mitbringen, ein Minimum an Sendungsbewusstsein, viel Idealismus und Freude an Inhalten und Themen. Im sozialen Bereich darf es Ihnen nicht nur darum gehen, Geld zu verdienen.

Wenn Sie sich für die Jobbuilder-Strategie entscheiden, müssen Sie sich für Dinge, von denen Sie überzeugt sind, einsetzen wollen. Das liegt oft schon allein an den Themen: Jobbuilder schaffen in erster Linie Stellen im sozialen, politischen und kulturellen Bereich.

Für wen sich diese Strategie eignet

Jeder, der sozial, politisch oder kulturell engagiert ist, kann sich seinen Job selbst bauen. Diese Menschen treibt vor allem der Wunsch nach einer sinnvollen Beschäftigung. Besonders geeignet ist die Jobbuilder-Strategie für soziale Berufe wie Erzieher und Pädagogen sowie für Akademiker aus traditionell »schwierigen« Bereichen – bestimmte Naturwissenschaften (wie Biologie und Chemie), Sozialwissenschaften, Soziologie, Journalismus und andere Geisteswissenschaften. Aber auch Verwaltungskaufleute und Ehemalige aus der freien Wirtschaft können sich mit der Jobbuilder-Strategie eine neue Aufgabe schaffen. Um dieses Ziel zu erreichen, gibt es verschiedene Wege, die ich im weiteren detailliert und mit realen Fallbeispielen sowie Realisierungstipps beschreibe.

1. Einen Verein gründen

Ein gemeinnütziger Verein darf nicht wie ein Unternehmen Gewinn erwirtschaften und Kapital ansammeln. Einem Verein geht es vor allem darum, eine gute Sache zu tun. Darin liegt dann auch der Sinn und Daseinszweck: Vereine geben ihr Geld – Mitgliederbeiträge und/oder Spenden dafür aus, den Vereinszweck zu erfüllen.

Vieles im Verein läuft auf ehrenamtlicher Basis – jedoch längst nicht alles. Vereine einer gewissen Größe können ihren Vereinszweck nur dann erfüllen, wenn sie eigene Mitarbeiter beschäftigen. Da ist die Elterninitiative, die einen Kindergarten eröffnet, bei der sich eine der Initiatorinnen selbst als Erzieherin anstellt. Oder der Verein, der eine Dritte-Welt-Bibliothek mit Kaffee- und Teeladen eröffnet – und jemand aus seinem Gründerkreis einstellt.

Fast alle Obdachlosenzeitungen sind Erzeugnisse von Vereinen – und fast alle haben freie und feste, in jedem Fall aber bezahlte Stellen geschaffen, die meist ziemlich schnell von den Gründungsmitgliedern selbst besetzt worden sind. Auch im Bereich Umwelt, Klima, Gesundheit und Tierschutz sind zahlreiche Vereine aktiv, deren Mitarbeiter die Initiatoren selbst sind.

Allerdings: Nicht jeder Verein erwirtschaftet so viel Geld, dass das Ehrenamt, beispielsweise als Vorstand, direkt finanziert werden kann. Das Geld kommt auch garantiert nicht von alleine herein, sondern in der Regel über Mitgliedsbeiträge. Das, was Sie mit Ihrem Verein tun wollen, muss also so nützlich sein, dass die Vereinsmitglieder dafür monatlich oder jährlich Geld bezahlen. Lassen Sie sich von dieser kleinen Warnung aber bitte nicht entmutigen – zahlreiche Vereine können sich und ihre Stellen sehr wohl selbst finanzieren. Ein gesellschaftspolitisch wichtiger Zweck wird von vielen Menschen auch gerne unterstützt.

Zwei Beispiele für kleine Vereine, die schnell ganz groß geworden sind und heute viele fest angestellte Mitarbeiter nähren: Greenpeace und der BUND für Umweltschutz und Natur. Auch fast alle Sportvereinigungen sind vor allem eins: Vereine. Aber dass mit Bayern München und dem Hamburger SV Geld verdient wird – haben Sie sich das je hinsichtlich der Bedeutung der Vereinstätigkeit für den Arbeitsmarkt bewusst gemacht? Gerade im Sportbereich entstehen viele Stellen, weil ehrenamtliche und angestellte Tätigkeiten umgewandelt werden.

Also – leicht ist es nicht, aber eine Perspektive auf jeden Fall. Einige Ideen, in welche Richtung Sie bei der Vereinsgründung denken können:

- Kultur: Gründen Sie einen Verein zur Förderung der Kultur (Themen z. B.: Baudenkmäler, Musik, moderne Kunst, Kinder und Kultur, kultureller Austausch zwischen Ländern, Rechtschreibung, Film ...).
- Sport: Gründen Sie einen neuen Sportverein, z. B. für eine Sportart, die eben erst im Kommen ist.
- Pädagogik: Gründen Sie eine Elterninitiative mit dem Zweck, die (bessere) Betreuung von kleinen und größeren Kindern sicherzustellen. Sie können auch eine bestimmte Pädagogik fördern (wie z. B. Waldorf).
- Weiter: Gründen Sie einen Verein, der sich für die Heilung von Krankheiten engagiert, für Bildung, für Benachteiligte ...

Tipps

- Kombinieren Sie die Vereinsgründung mit Fundraising, also dem Einsammeln von privatwirtschaftlichen Sponsorengeldern.
- Machen Sie sich auf eine längere Anlaufphase gefasst. Die meisten Vereine – es sei denn, es handelt sich um eine Elterninitiative für einen Kindergarten oder um Ähnliches – sind nicht sofort groß und »reich« an Spendengeldern.
- Je mehr Spendengelder Sie akquirieren, desto besser ist das für Ihren Verein (und letztendlich auch für Sie). Gut sind regelmäßige Einnahmen durch Mitgliedsbeiträge.

Eine Alternative zum Verein ist die Stiftung. Im Unterschied zu einem gemeinnützigen Verein darf eine Stiftung langfristig Kapital bilden bzw. Zinserträge aus einem vorhandenen Kapitalstock erwirtschaften. Außerdem sind nicht sieben Initiatoren nötig wie beim Verein, sondern nur ein einziger.

In der Satzung muss – wie beim Verein – der Zweck der Stiftung definiert sein.

Die Vereinsgründung Schritt für Schritt

- Entwickeln Sie Ideen, welche Art von Verein Sie gründen können.
- Analysieren Sie den Markt. Gibt es einen solchen Verein schon? Wie grenzen Sie sich ab? Ist das Interesse an dem Thema so groß, dass Sie genügend Mitglieder gewinnen können?
- Informieren Sie sich über das Vereins- bzw. Stiftungsrecht.
- Suchen Sie weitere sechs Gründungsmitglieder – als eingetragener Verein brauchen Sie insgesamt sieben Initiatoren. Verzichten Sie auf eine Eintragung ins Vereinsregister, sind nur drei nötig.
- Entwickeln Sie eine Vereinssatzung.
- Schreiben Sie in Ihre Satzung, dass der Verein einen Geschäftsführer und weitere Mitarbeiter einstellen und dass beispielsweise der Geschäftsführer aus den Reihen des Vorstands stammen kann.

2. Eine Stelle durch Fundraising finanzieren

Fundraising bedeutet, dass Sie Sponsorengelder bei freien Wirtschaftsunternehmen akquirieren – für ein bestimmtes Projekt und einen bestimmten Zweck.

Privatwirtschaftliche Firmen engagieren sich für Kultur, Gesellschaft oder Sport, weil es ihrem Image dienlich ist. So gibt es viele Wirtschaftsunternehmen, die im Sportsektor aktiv sind, weil Sie sich davon eine positive Öffentlichkeitswirkung versprechen. Andere engagieren sich aus gesellschaftlichem oder kulturellem Interesse.

Als Fundraiser bringen Sie eine soziale, sportliche, kulturelle, künstlerische oder gesellschaftliche Institution mit Sponsoren zusammen. Dadurch finanzieren Sie Ihre Stelle letztendlich selbst. Diese muss sich nicht ausschließlich mit Fundraising beschäftigen – Fundraising kann auch lediglich der Einstieg für Sie sein, die Argumentation für die neue Stelle. Wenn Sie (neue) Sponsoren gewinnen, ist damit Ihr Arbeitsplatz zumindest vorübergehend gesichert.

Folgenden Brief hat eine Bewerberin in abgewandelter Form an einen Verein geschickt – woraufhin Sie tatsächlich auf ehrenamtlicher Basis einsteigen konnte. Später übernahm Sie eine Teilzeitstelle als Geschäftsführerin.

> **Beispiel**
>
> Sehr geehrte Frau Altmann, Herr Syring,
>
> seit mehreren Jahren verfolge ich die Aktivitäten Ihres Vereins, bin selbst seit 2001 Mitglied.
>
> Ich bin von den Zielen überzeugt, weil ich mir sicher bin, dass wir die Bildung für unsere Kinder in die eigenen Hände nehmen und die Entwicklung zur Ganztagsschule aktiv fördern und vorantreiben müssen. In erster Linie zum Wohl unserer Kinder, in zweiter aber auch, um Elternsein und Karriere besser miteinander verbinden zu können.
>
> Nicht nur von Ihren Zielen bin ich überzeugt, sondern auch davon, dass Sie mit der publikumswirksamen Unterstützung durch privatwirtschaftliche Unternehmen diese sehr viel besser und wirksamer realisieren könnten. Zudem würde der Druck auf die Wirtschaft erhöht, bildungspolitische Anstöße und Unterstützung zu geben. Ist nicht die Weiterentwicklung des Betriebskindergartens die im doppelten Sinn lehrreiche Betreuung für Schulkinder?
>
> Gerne würde ich mich dafür engagieren, Unternehmen zu gewinnen.
> Dies würde ich – seit vier Monaten arbeitslos – zum Einstieg ehrenamtlich tun. Über eventuelle Aufwandsentschädigungen können wir im persönlichen Gespräch gerne reden. Ich bin mir sicher, dass Sie mich dazu einladen werden.
>
> Ihre
> Marita Koch

Fundraising Schritt für Schritt

1. Informieren Sie sich über Fundraising und Sponsoring (siehe Literaturliste), eventuell auch über Weiterbildungen in diesem Bereich.
2. Recherchieren Sie, welche Institutionen noch kein aktives Fundraising betreiben. Erstellen Sie Listen und telefonieren Sie diese durch – wenn Sie sich dabei wohler fühlen, auch anonym.
3. Versuchen Sie auf der anderen Seite auch schon Kontakte in Unternehmen aufzubauen, in denen Sie Sponsoren gewinnen wollen.
4. Mit an Sicherheit grenzender Wahrscheinlichkeit bekommen Sie nicht sofort einen Arbeitsvertrag. Schlagen Sie geeigneten Institutionen ein Probe-Fundraising vor. Sie wissen ja: Mit Sponsoren an Bord steht jede

Institution automatisch besser da. Es lassen sich Werbemittel realisieren, Veranstaltungen planen, kurzum: Es werden Arbeitskräfte gebraucht.

> **Tipps**
>
> Was Sie für die »Bewerbung ohne Bewerbung« bei öffentlichen Institutionen wissen müssen:
>
> - Für Ehrenämter wird in der Regel kein Gehalt gezahlt. Es ist aber sehr wohl möglich, Aufwandsentschädigungen zu erhalten. Diese müssen bei Vereinen vom Vorstand genehmigt sein.
> - Als Einstiegshonorierung ist die Vergütung über den Übungsleiterfreibetrag dann möglich, wenn es sich um eine pädagogische Tätigkeit im weiteren Sinn handelt. 1.500 Euro im Jahr sind steuerfrei und dürfen auch von Arbeitslosen verdient werden.
> - Stellen in Vereinen müssen anders als bei Behörden nicht ausgeschrieben werden. Eine Vergabe offener Positionen »unter der Hand« ist hier also mindestens so verbreitet wie in der freien Wirtschaft.
> - Vereine dürfen kein Kapital ansammeln. Gelder, die etwa durch Fundraising angesammelt worden sind, müssen ausgegeben – etwa für Personal – oder für Anschaffungen angespart werden.

3. Eine Genossenschaft gründen

Auch dieser Weg führt mit Sicherheit nicht sofort zu einem festen Job. Wer eine Genossenschaft gründet und/oder darauf hofft, dort arbeiten zu können, muss ebenfalls erst einmal ein paar Steine aus dem Weg räumen – und geduldig sein.

Genossenschaften haben das Ziel, Anteile an Häusern, Nutztieren oder auch an Webspace im Internet an Mitglieder auszuschütten. Diese profitieren durch die gemeinsame Nutzung und durch eine Wertsteigerung. Die Genossenschaft ist dabei eine Unternehmensform, bei der jedes Mitglied über seine Anteile ein Mitspracherecht hat.

In den meisten Fällen kauft ein reicher Privatmann oder ein Investor ein Mehrparteienhaus. Es können sich aber auch 100 Personen zusammenschließen, um sich ein Haus mit 50 Mietparteien zu teilen. Anteilseigner profitieren davon, dass der Wert der Immobilie steigt – und sie zudem unter anderem einen Anrechtsschein auf eine günstige Mietwohnung erhalten. Auch andere Güter können gemeinschaftlich angeschafft werden, z. B. Server (also leistungsstarke Computer), auf denen Webseiten »geparkt« werden.

Wenn die Genossenschaft eine gewisse Größe erreicht hat, braucht sie fest angestellte Mitarbeiter – für Verwaltung und Buchhaltung beispielsweise. Die Mitgliederversammlung entscheidet, ob diese Jobs geschaffen werden.

Eine Möglichkeit für Sie? Immerhin eine Idee, die Sie weiterverfolgen sollten. Sie ist allerdings genauso aufwendig wie die Gründung eines Vereins.

Meine Erfahrung

Ich habe eine Genossenschaft im Internetbereich gegründet, das ist einige Jahre her. Zu der Zeit war ich fest angestellt und habe gut verdient. Die Genossenschaft wuchs und es war deutlich, dass wir an einen Punkt angelangt waren, an dem wir größer werden mussten. In dieser Zeit bröckelte mein Job. Der Arbeitgeber war nicht mehr zufrieden, ebenso wenig wie ich. Ich entschied mich, einen Auflösungsvertrag zu unterschreiben und mit meiner Abfindung zur Genossenschaft zu gehen. Etwa ein Jahr dauerte es, bis eine Vollzeitstelle tragbar war, doch so lange konnte ich von meinen Ersparnissen leben. Heute habe ich das Gefühl, Angestellter meiner eigenen Firma zu sein. Ich kann nicht machen, was ich will, aber mein Urteil hat Gewicht. Mit dem Jobwechsel ist auch wieder Motivation und Spaß in mein Leben getreten.

Ideen für Genossenschaften

- Wohnungsbaugenossenschaft
- Alterswohnsitzgenossenschaft
- Genossenschaft, die Obst und Gemüse anbaut und verkauft
- Internetgenossenschaft: Statt Wohnungen wird (Park-)Platz im Netz verkauft.
- Freizeitpark-Genossenschaft
- Verlag als Genossenschaft

Die Genossenschaftsgründung Schritt für Schritt

- Erst einmal brauchen Sie die richtige Idee. Welche eignet sich für den Genossenschaftsgedanken? Das ist ein wenig wie eine ganz normale Unternehmensgründung. Insofern empfiehlt es sich, einen Businessplan auszuarbeiten. Dieser sollte auch im Hinblick auf Ihre angestrebte Stelle abgefasst sein. Das heißt: Die Umsätze sollten nach einem gewissen Zeitraum die Vollzeitstelle rechtfertigen. Sie können sich dabei ausrechnen, dass diese im gut sechsstelligen Bereich liegen müssen.
- Zeitgleich müssen Sie weitere Genossen gewinnen, mit denen Sie die Idee umsetzen. Von Anfang an sollten mehrere Anteilseigner dabei sein.
- Informieren Sie sich über das Genossenschaftsrecht.
- Legen Sie los und setzen Sie Ihren Plan um.

4. Eine ABM oder Ein-Euro-Jobs nutzen

ABM bedeutet Arbeitsbeschaffungsmaßnahme und ist ein Reizwort, denn über Sinn und Zweck wird und wurde in den letzten Jahren und Jahrzehnten viel debattiert. Dabei besteht in den letzten Jahren eine Tendenz, ABM-Stellen abzuschaffen – auch im Zuge der nicht minder umstrittenen Einführung neuer Ein-Euro-Jobs. So hat es sich herauskristallisiert, dass die bisher für ABM verwendeten Gelder der Arbeitsagentur teilweise oder sogar überwiegend auf die neuen Ein-Euro-Jobs übergehen.

Aus der Perspektive des Jobsuchenden sind ABM / Ein-Euro-Jobs eine Chance, denn eine solche Maßnahme beschafft nicht nur einfach irgendeine Arbeit, sie verschafft – im besten Fall – auch sinnvolle Arbeit. Es sollte dabei nicht um eine reine Beschäftigungstherapie gehen, sondern um die Schaffung eines Jobs im öffentlichen Bereich, für den sonst nicht genug Gelder da sind. Und Arbeitsbeschaffung hin oder her: Da die größte Frustration für viele Arbeitslose darin liegt, keine Arbeit zu haben, ist das ein wichtiges Argument.

Meine Erfahrung

Mit einer ABM-Stelle wurde ich der neue Pädagoge der Ortssportgruppe. Ich bin als Lehrer ausgebildet und leidenschaftlicher Sportler. Um ein Anrecht auf die ABM-Stelle zu haben, musste ich zuvor ein Jahr lang arbeitslos sein.
Jetzt bin ich aus der ABM aus und als Leiter des Regionalen Sportzentrums eingesetzt. Mir macht das sehr viel Spaß und ohne die ABM-Maßnahme hätte ich mir diesen Job nicht erschlossen.

Heinz, 52 Jahre

Meine Erfahrung

Für Hans Rutsch geht es bei den Ein-Euro-Jobs auch nicht ums Geld, für ihn sind sie »die einzige kleine Möglichkeit, die bleibt, wenn man nicht zu Hause verdummen will«. Warum er bei »normalen« Arbeitgebern keine Chance hat, weiß er genau: Er ist zu alt. Und krank – Lungenkrebs. »Natürlich sagt das keiner«, meint Rutsch bitter, und wird so wütend, dass ihm kurz Tränen in die Augen schießen. Mehr als 40 Jahre lang hat er gearbeitet, für sich und seine Familie. Auf die Ein-Euro-Jobs lässt er nichts kommen: »Das ist doch für uns ein Riesen-Glück, wieder Kontakt mit Menschen zu bekommen.«

Aus: Hinz & Kunzt, »Stadtgespräch«, www.hinzundkunzt.de

Erfolgsgeschichten mit ABM

▶ www.gruenes-blaettl.de/Artikel/0506_10JahreRueckblick.htm
▶ http://sohland-rotstein.de/s7_neues.htm

Kennzeichen einer ABM-Stelle ist ihre zeitliche Begrenztheit auf meist ein Jahr. In eine solche Maßnahme vermittelt werden können Langzeitarbeitslose – also alle, die mehr als ein Jahr ohne Job sind – nach § 263 Abs. 1 SGB III. ABM-Stellen werden von der Bundesagentur für Arbeit bewilligt. Antragsteller bei der Bundesagentur für Arbeit sind dabei Institutionen und Behörden oder auch die Städte und Kommunen. Dabei kann die Initiative durchaus von Ihnen, dem Bewerber, ausgehen: Wo immer Sie Bedarf wittern, gibt es möglicherweise auch einen ABM / Ein-Euro-Job. Sie müssen im ersten

Schritt nur die jeweilige Institution von Ihrer Idee überzeugen, die den Antrag dann gegenüber der Arbeitsagentur vertritt.

Nur ein Beispiel: Im journalistischen und journalismusnahen Bereich wurde per ABM beispielsweise die Redaktion einer Obdachlosenzeitschrift gefördert, außerdem der Aufbau einer Dritte-Welt-Bibliothek, das Erarbeiten einer Gemeinde- oder Stadtgeschichte oder der Aufbau einer touristischen Informationskartei zur Fremdenverkehrsförderung. Langzeitarbeitslose nach § 263 Abs. 1 SGB III können in eine solche Maßnahme vermittelt werden.

Nicht wenige Akademiker mit traditionell »schwierigen« Abschlüssen (z. B. Biologie oder Soziologie) haben sich ihre ABM-Stellen selbst geschaffen, indem sie Initiativen wie die Recyclinghöfe ins Leben riefen. Dazu muss eine für das Gemeinwohl sinnvolle Idee gefunden und und ein Antrag auf Fördermittel bei der Agentur gestellt werden. Natürlich haben diese neuen Stellen nur eine begrenzte Dauer – allerdings qualifizieren sie für weitere Tätigkeiten. Aus einigen Initiativen sind darüber hinaus Projekte wie z. B. Nutzmüll e. V. entstanden – ein in Hamburg inzwischen dauerhafter Jobbringer.

ABM Schritt für Schritt

- ▶ Klären Sie die Voraussetzungen: ABM oder Ein-Euro-Jobs erfordern eine vorherige Arbeitslosigkeit von mindestens einem Jahr.
- ▶ Welches Projekt eignet sich für die Förderung als ABM-Ein-Euro-Maßnahme? Suchen Sie aktiv entweder nach bestehenden Ideen oder aber nach Ideen, die Sie verantwortlich umsetzen können. Lesen Sie auch das Kapitel über die Projektstrategie, denn unter Umständen rentiert sich der Projektantrag noch mehr.
- ▶ Das gleiche gilt für reine Ein-Euro-Jobs: Lassen Sie sich nicht »verdonnern«, sondern suchen Sie selbst aktiv nach Stellen, in die Sie sich aktiv einbringen können. Arbeiten Sie mit daran, dass die Ein-Euro-Jobs ihr »Billig-Image« verlieren!
- ▶ Sprechen Sie mit Ihrem Arbeitsamtberater oder besser: Formulieren Sie klar Ihr Anliegen. Bringen Sie zum Ausdruck, dass es Ihnen wichtig ist, wieder zu arbeiten und sich einzusetzen. Machen Sie konkrete Vorschläge, in welchem Bereich.

5. Fördermittel beantragen

Öffentliche Institutionen müssen ihre Projekte ausschreiben. Jeder, der die entsprechenden Voraussetzungen mitbringt, kann sich darauf bewerben. Dabei kann es um Baumaßnahmen oder den Arbeitsmarkt gehen, um die Beschaffung von Möbeln oder die Ausarbeitung von Studien. In vielen Bereichen, etwa in der Weiterbildung und auf dem Bausektor, leben Unternehmen und Institutionen vor allem von diesen Ausschreibungen. Dabei gilt stets das Prinzip: Das günstigste Angebot erhält den Zuschlag.

Als Jobsuchender können Sie davon profitieren, indem Sie Firmen anbieten, sich um den Gewinn von Ausschreibungen zu kümmern – auch mit dem Ziel, sich auf diesem (Um-)Weg eine Legitimation für die eigene Stelle aufzubauen. Viele Unternehmer kümmern sich nicht aktiv darum, weil Ihnen das Know-how fehlt oder weil Sie keine Zeit haben. Denn die Ausarbeitung von Ausschreibungsunterlagen erfordert viel Aufwand und Detailarbeit, und das bei oft unsicherem Ausgang.

Weitere Möglichkeit: Sie akquirieren selbst Förderprojekte, indem Sie Vorschläge für sinnvolle und gesellschaftlich, regional oder geschlechtsspezifisch wegweisende Angebote ausarbeiten. Dazu stehen z. B. Töpfe wie der Europäische Sozialfonds bereit. Nicht wenige Angestellte im öffentlichen Bereich hangeln sich so von Förderstation zu Förderstation, oft unterbrochen durch zeitweise freiberufliche Tätigkeiten.

Meine Erfahrung

Ich habe Biologie studiert und mein Kompagnon Germanistik. Irgendwann, die Jobsuche war erfolglos, riefen wir mithilfe öffentlicher Fördergelder eine Patentberatungsstelle ins Leben. Ohne eigene Räume und Kapital zu haben, erhielten wir den Zuschlag, denn entscheidend ist für die Entscheider immer nur die Frage: Wer kann etwas am günstigsten umsetzen? Der Berufseinstieg war damit gesichert. In den zwei Jahren der Tätigkeit sammelten wir Kontakte und Erfahrung.

Gerd, 42 Jahre

Es kommt auch vor, dass engagierte Menschen erfolgreiche Konzepte aus anderen Bundesländern umsetzen. Normalerweise sind die Konzepte landesspezifisch, leben durch Querfinanzierung aus dem Europäischen Sozialfonds, den Wirtschaftsbehörden und eventuell Landeszuschüssen. Um solche Konzepte aufzuspüren, müssen Sie die Vorgänge in anderen Bundesländern gut beobachten. Was wurde dort entwickelt und erfolgreich umgesetzt? Was wurde dort entwickelt und vielleicht gar nicht umgesetzt? Konzepte sind nicht urheberrechtlich gebunden und nicht an die Personen geknüpft, die sie entwickelt haben.

Meine Erfahrung

Wir kennen das: Nach zwei oder vier Jahren verlieren wir unseren Job, da die Fördermittel auslaufen. Das ist im öffentlichen Bereich einfach so, darauf bist du eingestellt. Mein letztes Konzept im Bereich E-Learning wurde von den Behörden abgelehnt. Dabei war es gut und ich sehr davon überzeugt. Also reichte ich es in anderen Bundesländern ein. Und hatte Erfolg: Es wurde als förderungswürdig anerkannt und ich bekam die Chance, meine Ideen doch noch umzusetzen.

Martina, 39 Jahre

Fördermittel beantragen Schritt für Schritt

1. Informieren Sie sich über die gängige Förderpraxis.
2. Sprechen Sie mit Menschen, die sich in der Förderpraxis auskennen.
3. Holen Sie sich offizielle Informationen, z. B. unter *www.foederland.de*. Einige Institutionen haben auch Handbücher herausgegeben. Das Handbuch *Fördern und Fordern* ist beim BKK-Bundesverband unter 0201/1791014 per Telefax oder unter E-Mail *praevention@bkk-bv.de* zu bestellen.
4. Informieren Sie sich auch über die politischen Strömungen in Ihrem Bundesland und bei der Stadt.
5. Entwickeln Sie ein Konzept, das zur gegenwärtigen Förderpolitik passt. So gab es Zeiten, in denen viele Frauenprojekte Zuspruch erhielten. Dann folgte der IT- und E-Learning-Bereich. Derzeit »läuft« das so genannte »Gender Mainstreaming« sehr gut – sowie alle findigen Maßnahmen zur Verdrängung der Arbeitslosigkeit.

Die Headhunter-Strategie

Motto: Hasch mich

Was diese Strategie ausmacht

Es ist ganz einfach: Bringen Sie sich so geschickt ins Blickfeld der Konkurrenz und von Headhuntern, dass Sie sich nie mehr um einen Job sorgen müssen. Arbeiten Sie gezielt an Ihrer Selbstdarstellung, indem Sie sich beispielsweise auf Webseiten und in Firmensteckbriefen wie Hoppenstedt platzieren. Machen Sie sich schlicht und ergreifend einen Namen.

Die Headhunter-Strategie ist keine aus Ihrer Sicht rein passive Strategie, bei der nur andere aktiv werden (indem Sie sie kontaktieren). Ob andere überhaupt reagieren, hängt auch von Ihnen ab – von Ihrer Karriereplanung und der Art, wie Sie sich darstellen.

Die Formel der Headhunter-Strategie lautet:

- Gute Ausbildung + Spezialkenntnisse
  = guter Kandidat für Headhunter

- Spezialkenntnisse + Branchenkenntnisse
  = sehr guter Kandidat für Headhunter

Als weiterer Faktor kommt bei der Headhunter-Strategie oft das Alter hinzu: Jüngere Kandidaten werden eher abgeworben als ältere. Der typische Karriereknickpunkt ist hier wie überall im Berufsleben oft mit 45 erreicht.

Für wen sich diese Strategie eignet

Es ergibt sich aus der Formel: Headhunter suchen spezialisierte und branchenerfahrene Menschen, die schon mindestens den ersten Karriereschritt hinter sich haben, also zwei bis drei Jahre oder auch länger im Job sind. Die Strategie eignet sich nicht für Arbeitnehmer, die standardisierte Tätigkeiten ausüben. Headhunter suchen in der Regel Manager mit Branchenwissen oder absolute Fachexperten.

Um von Headhuntern gefunden zu werden, müssen auch zurückhaltendere Menschen mit wenig Drang zur Selbstdarstellung mehr aus sich herausgehen. Wer das nicht kann, sollte sich eine andere Strategie suchen, die besser zu ihm passt.

Wann diese Strategie wirkt

Angenommen Sie sind Absolvent – dann können Sie es schon in zwei Jahren schaffen. Voraussetzung ist, dass Sie sich ein Gebiet erobern, das auch für andere Firmen interessant ist. Das schaffen Sie z. B. als Spezialist in der Mediaplanung für Autofirmen oder als Experte für Marketing am Point of Sale im Bereich Handel – natürlich unter der Bedingung, dass Sie hier Erfolge vorweisen können.

Die Headhunter-Strategie ist eine sehr langfristig angelegte. Sie müssen schon am Anfang Ihrer Berufslaufbahn festlegen, wohin die Reise geht, und dürfen sich dann auch nicht sehr weit von Ihren ursprünglichen Plänen entfernen. Headhunter schauen fast immer nach Talenten innerhalb einer Branche: Wer als Vertriebsleiter in der Getränkeindustrie tätig war, wird sicher nicht für einen Job in der IT-Branche angesprochen werden. Bestenfalls kommen angrenzende Branchen wie Gastronomie oder Lebensmittel in Frage. Oft suchen Headhunter wirklich nur in absoluten Nischen – bei den Herstellern von Bier oder Weinhändlern, bei SAP-IT-Spezialisten oder Multimediaproduzenten.

Dabei sein ist alles

Das sollte Ihr Motto sein. Anders als bei der Expertenstrategie müssen Sie sich nicht ins Licht der Öffentlichkeit begeben und Artikel schreiben oder Ihr Wissen bei Vorträgen unter Beweis stellen. Sie sollten sich vielmehr sichtbar machen und gut zu finden sein. Viele Firmen bringen ungern die Namen von wichtigen Mitarbeitern auf die Webseite, da sie hier von den Headhuntern leicht gesehen werden können. Für Sie ist die »Niederlassung« jedoch auf der Homepage von Vorteil – am besten mit allen Kontaktdaten, Foto und einem kurzem Profil (siehe Profil unter Expertenstrategie, Seite 120).

Auf Messen und anderen Veranstaltungen sollten Sie Ihre Visitenkarte breit streuen und sich keinesfalls zurückhalten. Auch wenn Sie akut keine Stelle suchen: Die Headhunter-Strategie ist eine Vorsorge-Strategie, ein langfristiges Instrument für mehr Sicherheit im Job.

Headhunter ansprechen

Wenn Sie nicht gefunden werden, geben Sie doch einfach einen diskreten Hinweis auf Ihre Existenz. Suchen Sie sich dabei einen Headhunter, der sich in Ihrer Branche auskennt. Viele Headhunter sind auf bestimmte Branchen und Funktionsbereiche spezialisiert, besetzen z. B. Positionen in Vertrieb und Marketing der IT-Branche. Sprechen Sie den Headhunter am besten telefonisch an. Bitten Sie um ein persönliches Gespräch. Ist Ihr am Telefon geschildertes Profil interessant genug, wird Ihnen dieser Wunsch sicher erfüllt werden. Headhunter verdienen ihr Geld mit der Vermittlung von Top-Kandidaten. Sie werden sich einen »guten Mann« (oder eine gute Frau!) nicht entgehen lassen.

Doch wann bin ich gut? Beginnt das bei einer bestimmten Gehaltsklasse? Ja: Die so genannten Executive-Search-Headhunter interessieren sich nur für Manager mit mindestens 90.000 Euro Jahres-Bruttogehalt. Manche Headhunter werden schon ab 40.000 Euro aktiv. Eher unwahrscheinlich ist jedoch, dass sich ein Headhunter für eine niedrigere Gehaltsklasse interessiert.

Adressen von Headhuntern

- Headhunteradressen (*www.headhunteradressen.de*)
- Consultants.de (*www.consultants.de/headhunt/*)
- Rekruter.de (*www.rekruter.de*)

Schriftliche Unterlagen für Headhunter

Nur warme Worte reichen nicht. Spätestens zum Gespräch mit dem Headhunter ist auch eine Vita gefragt – Zeugnisse wahrscheinlich nicht. Bereiten Sie diese Unterlagen so vor, wie es einer Fach- oder Führungskraft gebührt. Das heißt: Schreiben Sie Erfolge hinein, Tätigkeiten und Verantwortlichkeiten. Seien Sie so konkret wie möglich. Inoffiziell ergänzen können Sie dieses Profil mit Unterlagen aus Personalbeurteilungen oder positiven Statements, die beispielsweise im Rahmen von 360-Grad-Feedbacks gewonnen worden sind. Seien Sie kreativ und fragen Sie sich, was Ihren Lebenslauf mit einer zusätzlichen Kompetenzaussage versieht. Sind Sie ohnehin der einzige Kandidat, brauchen Sie sich damit vielleicht gar nicht so viel Mühe geben ...

> **Meine Erfahrung**
>
> Ich bin 28 Jahre alt, habe Wirtschaftswissenschaften studiert und dann zwei Jahre in einer Agentur gearbeitet. Dort war ich für einen namhaften Kunden tätig, einen bundesweiten Konzern, habe den Geschäftsbericht und Imagebroschüren betreut. Irgendwann kam dieser Anruf. Ich hätte das nie für möglich gehalten: Die wollten mich für den Marktführer haben – eine Agentur, die im Ranking weit über meinem aktuellen Arbeitgeber stand. Man habe von mir gehört, sagte mir der Personalberater. Wo und wie und wann, verriet er nicht. Ich habe bis heute keine Ahnung, denn ich bin im Internet nicht zu finden. Vermutlich hat ein Kunde meiner früheren Agentur den Tipp gegeben, anders kann ich mir das nicht erklären. Was für ein Kompliment! Das erste Gespräch mit dem Headhunter war locker und unkompliziert. Danach wurde ich dem Unternehmen vorgestellt. Das ging alles sehr schnell. Ich konnte kaum schlucken, da hatte ich schon eine Gehaltserhöhung von 30 Prozent. Das war 2003, in einem Jahr, in dem die Wirtschaft nicht gerade auf der Höhe der Zeit war und es Agenturen nicht gut ging.
>
> *Ralf, Mediaplaner*

Die Headhunter-Strategie Schritt für Schritt

1. Diese Strategie erfordert eine frühzeitige und bewusste Karriereplanung. Entscheiden Sie sich am besten schon während eines Studiums oder der Ausbildung, in welche Richtung Sie sich spezialisieren wollen. Spätere Kurswechsel sind schwierig – auch die Studienfachspezialisierung sollte im Hinblick darauf gewählt werden. Entscheiden Sie sich später für einen ganz anderen Bereich, kann eine Fächerkombination, die nicht Ihren Zielen entspricht, karrierebremsend wirken.
2. Bauen Sie bewusst ein glasklares Profil von sich auf, das aus nicht mehr als drei Botschaften besteht. Beispiel: Key Account Manager + IT + Storagespezialist (Speicher).

3. Verewigen Sie sich am besten auf der Webseite mit Namen, allen Kontaktdaten und Aufgabenbereich.
4. Verteilen Sie Visitenkarten, die Sie eindeutig »zuordnen«.
5. Sprechen Sie regelmäßig mit Headhuntern, auch wenn Sie nicht nach einem Job suchen. Es geht darum, im Gespräch zu bleiben und für den Fall des Falles genügend Fäden gestrickt zu haben. Ein attraktives Angebot lassen Sie sich doch sicher zu jeder Zeit unterbreiten?

Die Kreativstrategie

Motto: Ich fall auf

Was diese Strategie ausmacht

Rappen Sie vor dem Chef in der Kantine. Bringen Sie ein großes Poster mit Werbesprüchen gegenüber dem Cheffenster an. Überbringen Sie als Chinamann Glückskekse. Legen Sie eine Zeitschrift, in der Sie auf Seite eins zu sehen sind, auf den Frühstückstisch. Entwickeln Sie Bewerbungskalender, Jobsuch-Klingeltöne oder schrille Videos und Internetfilme ...

Hauptsache auffallen – das ist das Motto der Kreativstrategie. Diese ist mehr als die bisher vorgestellten Maßnahmen eine Gratwanderung zwischen gutem und schlechten Geschmack, zwischen nerven und angenehm überraschen. Wenn diese Gratwanderung jedoch gelingt, haben Sie fast schon gewonnen. Denn: Wer auffällt, wird wahrgenommen. Und wer wahrgenommen wird, kann seine Fähigkeiten präsentieren. Diesen Raum bekommen »normale« Bewerber heute oft nicht mehr.

Für wen sich diese Strategie eignet

Nicht nur kreative Köpfe können sich Kreativität erlauben – auch ganz normale Jobsuchende. Lediglich die Art der Kreativität muss sich unterscheiden: Ein Feinmechaniker in der Metallindustrie geht anders an diese Strategie heran als ein Texter oder Designer in der Werbebranche.

Der wesentliche Unterschied: Während Kreative auch den Bezug zur eigenen Arbeit herstellen müssen, sollten Nicht-Kreative nur kreativ in der Art der Ansprache sein. Doch manchmal sind ähnliche Wege denkbar. Der Designer gestaltet sein Auto kunstvoll mit einem Bewerber-Porträt und macht damit vor einschlägigen Agenturen auf sich aufmerksam. Ein Feinmechaniker beklebt sein Auto mit bunten Sprüchen und fährt damit von einer Manufaktur zur nächsten.

Nicht besonders gut kommen allzu kreative Strategien in Behörden an, wobei der typische institutionelle Mief auch dort längst nicht mehr überall zu spüren ist. Eindeutig falsch sind kreative Strategien für hochbezahlte Manager. Diese sollten eher auf die Netzwerk-, Schneeball-, Headhunter- oder Elfenstrategie zurückgreifen und sich auf diesen Wegen bemühen, ins Blickfeld potenzieller Auftraggeber zu geraten.

Welche Risiken diese Strategie birgt

Falsch verstandene Kreativität kommt einfach nur platt und einfallslos rüber. Gute, kreative Ideen zeichnen sich dadurch aus, dass sie einfach und schnell verstanden werden können. Sie dürfen dem Ansprechpartner auch keine Mühe oder zusätzliche Arbeit bereiten. Kein Firmenchef wird sich etwa für einen Bewerber auf eine Schnitzeljagd durch die Büroräume begeben, nur weil der so »kreativ« war, inkognito überall eine Nachricht zu verstecken.

Schlecht kommen auch Diebstahl und Fälschungsversuche an. So soll angeblich ein Bewerber das Firmenpapier gestohlen und damit die Konkurrenz zu einem angeblichen Meinungsaustausch eingeladen haben. Auch die Versteigerung der eigenen Arbeitskraft via Ebay ist keine besonders gute Idee, wirkt sie doch eher anbiedernd und allzu marktschreierisch.

Wann diese Strategie wirkt

Die kreative Strategie wirkt in der Regel so schnell wie eine normale Bewerbung. Sie machen auf sich aufmerksam und schon passiert etwas. Eine lange Anlaufzeit gibt es dabei nicht. Deshalb ist der kreative Weg ideal für alle, die möglichst schnell einen Job finden wollen.

Kreative Strategien für Kreative

Sie sind Texter, Designer, PR-Journalist oder Eventmanager? Prima, dann gehört die kreative Welt Ihnen. In Ihrem Umfeld ist fast alles erlaubt, was nicht geschmacklos oder ohne Aussagekraft ist. Oder anders ausgedrückt: Solange Sie Stil beweisen und solange Ihre kreative Bewerbung etwas (mehr) über Sie als Mitarbeiter aussagt, ist alles möglich.

Kreative Ideen sind natürlich nur so lange gut, solange sie neu sind. Die Konservenbüchse mit dem Lebenslauf oder das Anschreiben im Pizzadeckel – das sind nette Gags, aber keine weltbewegenden Erfindungen mehr. Die hier vorgestellte Idee mit dem Sticker-Auto ist neu – aber durch die Veröffentlichung in diesem Buch dann auch wieder nicht mehr ... Denken Sie also etwas individueller und spezieller. Welche Firma oder Agentur sprechen

Sie an? Was können Sie als Persönlichkeit glaubhaft verkaufen? Berücksichtigen Sie sowohl Ihre Persönlichkeit als auch den Charakter der Firma.

Ideensammlung für Kreative

Folgende Ideen sollen für Sie nur eine Anregung sein. Keine kreative Idee passt in jeden Zusammenhang gleich gut. Eine Idee ist nur kreativ, wenn sie individuell auf eine Situation zugeschnitten ist.

Kreative persönliche Vorstellung

- Verkleiden Sie sich als Gaukler und überraschen Sie den Chef mit einer gelungenen Vorstellung.
- Schicken Sie ein Schatzkästchen mit einer Einladung: Am Soundsovielten findet ein geheimnisvolles Treffen statt ...
- Platzieren Sie sich als Straßenmusikant oder Bettler vor dem Unternehmen. Stellen Sie jeden Tag ein anderes Schild vor sich auf (»Zehn Jahre Berufserfahrung als Art Director«, »Hundeliebhaber – Marke Schappi – betreut« etc.).

Kreative schriftliche Vorstellung

- Verschicken Sie eine Postkarte mit einem Code. Wer diesen auf einer Internetseite eingibt, stößt auf ein Video, in dem Sie sich selbst vorstellen.
- Gestalten Sie einen Bewerbungskalender. Auf jedem Kalenderblatt stellen Sie einen neuen Aspekt Ihrer Persönlichkeit vor.
- Entwickeln Sie ein Plakat, das Sie in Sichtweite Ihres Arbeitgebers aufhängen.
- Senden Sie einfach nur Arbeitsproben von sich, sonst nichts.
- Schicken Sie einen Bewerbungscomic.

Kreative Strategien für Nicht-Kreative

Zu viel Witzigkeit ist gefährlich, aber ein kleiner Gag oder Spaß ist auch dort erlaubt, wo es ansonsten trocken und gar nicht kreativ zugeht. Immer erlaubt ist beispielsweise ein Zwinkern zum Bier, das Sie in der Kneipe an den Tisch schicken, an dem Ihr Wunsch-Arbeitgeber seinen Stammtisch mit den Kollegen des Mittelstandsforums abhält. Die goldene Regel lautet: Die kreative Strategie muss passen. Und was passt, hängt vom Umfeld und der Situation ab. Das ist wie mit der Kleidung – sie macht Sie nur dann anziehend und attraktiv, wenn sie mit den Faktoren Persönlichkeit, Branche und Firma harmoniert.

Ideensammlung für Nicht-Kreative
Auch hier gilt: Bitte verstehen Sie die Ideen als Anregung und nicht als Mustervorlage!

- Schicken Sie der Sekretärin einen Blumenstrauß mit einer kurzen Bewerber-Info. Bitten Sie sie darum, sich für einen Termin beim Chef einzusetzen.
- Hängen Sie die Morgenbrötchen beim Chef an die Haustür. Legen Sie einen persönlichen Brief hinein – oder auch nur ein Foto, das Sie bei der Arbeit zeigt.
- Schicken Sie einen selbst gestalteten Puzzlestein mit dem Slogan: Ich bin der fehlende Puzzlestein für Ihr Team/Ihr Unternehmen.

Kreativität entwickeln

Wie komme ich auf Ideen? Kreativität ist (eine) Technik, die man in Maßen erlernen kann und für die es verschiedene Methoden gibt. Die wohl bekannteste ist das klassische Brainstorming, bei dem Sie meistens zusammen mit anderen Ideen entwickeln. Sie können aber natürlich auch allein brainstormen. Sehr gut funktioniert auch die Mind-Map-Methode. Dabei entwickeln Sie aus einem Kern heraus weitere Ideen, starten vielleicht mit der Ausgangsfrage »Wie kann ich dieses Unternehmen kreativ ansprechen?« und sammeln rundherum grobe Ideen. Diese Ideen verfeinern Sie im nächsten Schritt weiter.

Kreativität heißt auch: Sie trauen sich, Dinge zu tun, die mit dem Gewohnten brechen. Und das ist dann allein eine Frage der inneren Einstellung. Wollen Sie in der konformen Masse untergehen oder sich mit unkonventionellen Ideen hervortun?

Häufig wird Kreativität mit künstlerischer Gestaltung gleichgesetzt. Kreativität ist aber vielmehr die Fähigkeit, neue Lösungen für ein bekanntes Problem zu finden. Jeder von uns ist kreativ: egal ob es darum geht, ein Kunstwerk zu schaffen, eine neue Technologie zu entwickeln, oder einfach darum, sich eine neue Ausrede einfallen zu lassen, warum man es wieder mal nicht geschafft hat, bei potenziellen Arbeitgebern anzurufen und sich vorzustellen ...

Abgesehen von Brainstorming und Mindmapping gibt es noch eine ganze Reihe anderer Techniken, die uns helfen, mehr bessere Ideen schneller zu finden: Mindmapping, 6-Hüte-Modell, Provokative Ideen, Osbourne-Methode, morphologische Matrix, Umkehrmethode, Reizworttechnik, 6-3-5-Methode und so weiter. Da findet sich für jeden Kopf eine Methode und für jedes Problem eine passende Technik. Zwei Methoden, die Sie vielleicht noch nicht kennen, stelle ich Ihnen näher vor.

6-Hüte-Modell

Sie haben eine tolle Idee, sind sich aber nicht sicher, ob sich diese Idee auch verwirklichen lässt? Edward de Bono entwickelte Anfang der 1960er-Jahre die sechs Hüte des Denkens, um eine Idee (oder auch eine Problemstellung) von verschiedenen Seiten aus zu beleuchten und Polarisierungen in Arbeitsgruppen zu überwinden.

Jeder der sechs Hüte symbolisiert dabei eine andere Herangehensweise an die Idee. Sie wird dadurch nacheinander durch sechs verschiedene Perspektiven betrachtet. Alle Mitglieder tragen zur gleichen Zeit den gleichen Hut, das Problem wird ausführlich von einer bestimmten Warte aus beleuchtet. Die Gruppe arbeitet miteinander, nicht gegeneinander. Alle Blickwinkel werden nacheinander gemeinsam eingenommen.

Die sechs Hüte haben unterschiedliche Farben, um sie zu kennzeichnen:

- Der weiße Hut steht für Informationen.
- Der rote Hut gibt Raum für Gefühle und Intuition.
- Der gelbe Hut beleuchtet Vorteile und Chancen.
- Der schwarze Hut warnt vor Risiken und Gefahren.
- Der grüne Hut sucht nach Alternativen.
- Der blaue Hut moderiert.

Setzen Sie sich mit sechs Bekannten zusammen. Jeder nimmt im Lauf des Prozesses jede Rolle ein. Am Ende sortieren Sie die Ergebnisse und ziehen ein Fazit. Selbstverständlich können Sie die Übung auch alleine machen. Versuchen Sie sich dabei abwechselnd die unterschiedlichen Hüte aufzusetzen und die Idee aus verschiedenen Perspektiven zu beleuchten.

6-3-5-Methode

Die 6-3-5-Methode, auch Brainwriting genannt, ist ähnlich wie das Brainstorming eine Methode, die darauf abzielt, in kurzer Zeit eine große Anzahl von Ideen zu sammeln.

Der Name dieser Methode beschreibt auch die Vorgehensweise: Sechs Teilnehmer schreiben je drei Lösungsvorschläge in fünf Minuten auf. Anschließend werden diese Lösungsvorschläge von den anderen Teilnehmern in mehreren Stufen weiterentwickelt.

Und so funktioniert es:

- ▶ Definieren Sie gemeinsam die zu lösende Aufgabe oder das Problem.
- ▶ Schreiben Sie die Problemstellung auf einen Bogen Papier.
- ▶ Jetzt haben Sie fünf Minuten Zeit. Schreiben Sie in dieser Zeit drei Ideen zur Lösung des definierten Problems auf. Benutzen Sie dazu am besten eine Tabelle mit drei Spalten und sechs Zeilen.
- ▶ Geben Sie das Blatt nach rechts weiter. Sie erhalten von Ihrem linken Nachbarn das Blatt mit seinen Ideen.
- ▶ Lesen Sie die Ideen und entwickeln Sie diese weiter. Sie haben wieder fünf Minuten Zeit, dann wird das Blatt wieder weitergereicht.
- ▶ Nach dem sechsten Durchgang erhalten Sie Ihren eigenen Bogen zurück.
- ▶ Diskutieren Sie dann gemeinsam alle Lösungsansätze und einigen Sie sich auf die erfolgversprechendsten.

Schriftliche Unterlagen für Kreative

Sie müssen keine besonders »bunte« und durchgestylte Mappe erstellen. Manchmal liegt eine viel denkwürdigere Kreativität in Worten. Dabei gilt: Je mehr »Stopper« in einem Brief oder Anschreiben enthalten sind, desto aufmerksamer wird er gelesen. Stopper sind Sätze, die den Leser zum Nachdenken bringen, sei es, weil er nicht weiß, wie sie gemeint sind, oder sei es, weil sie Fragen offen lassen (siehe Cliffhanger-Bewerbung auf Seite 109). Doppeldeutige Aussagen sind dabei besonders spannend. Der Leser wird sich mit dem Satz länger beschäftigen und wahrscheinlich bald wissen wollen, wie er gemeint war. Damit entlocken Sie ihm einen Anruf – was Sie mit einem Standardtext nie erreicht hätten.

Ob Sie im Rahmen der Kreativstrategie einen Lebenslauf verwenden, bleibt Ihrem Konzept überlassen. Spätestens zur zweiten Runde sollten Sie ihn aber parat haben. Arbeitsproben sind für Kreative unumgänglich. Eventuell runden auch schriftliche Referenzen das Bild von Ihnen ab.

Meine Erfahrung

Ich habe mich als Redakteur bei einem Sender beworben und geschrieben, dass ich von Wölfen großgezogen wurde. Ich wurde eingeladen und bekam den Job ...

Peter, Journalist

Die Kreativstrategie Schritt für Schritt

1. Erstellen Sie eine Liste mit Unternehmen, die Sie kreativ ansprechen wollen.
2. Beschaffen Sie sich Informationen, etwa zum Lebensstil des Chefs oder zu seinen Vorlieben.
3. Sammeln Sie Ideen mit Hilfe einer der Methoden oder Techniken.
4. Besprechen Sie die Ideen mit Bekannten.
5. Planen Sie: Welche Handlungen sollen die Ideen auslösen? Welche Reaktionen sind zu erwarten?
6. Setzen Sie die Idee um – und seien Sie mutig!

Die Freie-Mitarbeit-Strategie

Motto: Ich bin so frei und erst mal dabei

Was diese Strategie ausmacht

Gerade kleinere Firmen und Agenturen scheuen sich, bei jeder Auftragsspitze gleich Mitarbeiter fest anzustellen. Freie Mitarbeiter lösen dieses Problem. Sie sind schnell verfügbar und lassen sich ebenso schnell wieder loswerden. Andererseits: Hat sich ein zuverlässiger Mitarbeiter gefunden, macht er sich auch als »Freier« schnell unentbehrlich. Das ist der Vorteil und zugleich Ihre Chance. Freie Mitarbeiter finden sich vielfach im kreativen Bereich, in der IT und in der Medienbranche.

Für wen sich diese Strategie eignet?

Für alle, die in Bereichen arbeiten, in denen eine höhere Qualifikation erforderlich ist. Viele freie Mitarbeiter finden sich im kulturellen Umfeld, in den Medien, der Werbung, PR und im Bereich Grafikdesign. Für Journalisten ist es beinahe normal, als freier Mitarbeiter oder so genannter »fester Freier« (ein Zwischenverhältnis zwischen Angestelltendasein und Selbständigkeit) tätig zu sein. Auch im sozialen Bereich agieren viele Honorarkräfte. In der IT ist Freelancer-Arbeit (nicht zu verwechseln mit Freiberuflichkeit, was einen Steuerstatus bezeichnet) gang und gäbe. In dieser Branche ist freie Mitarbeit auch eher selten die Vorstufe zu einer Festanstellung, sondern letztendlich eine Variante der Selbständigkeit. IT-Freelancer arbeiten in großen und kleinen Firmen oft über einen längeren Zeitraum als »Contractor«. Auch in der Baubranche ist diese Form der Arbeit bekannt, vor allem im Ausland.

In vielen Bereichen ist der freiberufliche Einstieg jedoch weniger eine bewusste Entscheidung als vielmehr eine Not- oder besser: Übergangslösung. Weil es keine Jobs »sofort« gibt, steigen die Bewerber erst einmal frei ein.

Vorsicht, Falle
Immer mehr typische Angestelltenjobs verwandeln sich in freie Tätigkeiten. So ist selbst die freie Arzthelferin, die freie Krankenschwester oder Empfangssekretärin keine Ausnahme mehr.

Aber aufgepasst: Wo frei draufsteht, muss nicht frei drin sein. Vielmehr kann in freier Verpackung eine gewerbesteuerpflichtige Tätigkeit stecken (Gefahr: zusätzliche Kosten). Wenn es sich sogar um eine Scheinselbständigkeit handelt, müssen Sozialversicherungsbeiträge gezahlt werden, unter Umständen auch im Nachhinein, und das kann teuer werden. Kritisch sind Bereiche, die eigentlich keinem Freiberufler offen stehen, sondern eine Gewerbeanmeldung erfordern. So gibt es inzwischen auch freie Busfahrer und Paketbeförderer. Diese arbeiten für nahezu denselben Lohn wie ein Festangestellter und tragen das volle Risiko, etwa bei einem möglichen Unfall.

Wenn Sie ausschließlich und über einen längeren Zeitraum (in der Regel: zwölf Monate) nur für einen Auftraggeber tätig sind, ruft das zudem die Sozialversicherungsträger auf den Plan. Diese prüfen dann, inwiefern Sie scheinselbständig sind und damit im Prinzip einen Angestelltenstatus besitzen. Probleme entstehen durch diese Prüfung hauptsächlich dem Arbeitgeber, der eventuell Beiträge in die Sozialversicherungen nachzahlen muss.

Meine Erfahrung

Ich bin jetzt 30 Jahre im sozialen Bereich tätig, davon war ich etwa die Hälfte fest angestellt – die Phasen zwischen freier und fest angestellter Tätigkeit wechselten sich ab. Als freie Mitarbeiterin habe ich immer auch etwas mehr für andere Auftraggeber gearbeitet und Freiheiten, auch in der Zeitgestaltung, genossen. Hatte ich eine Festanstellung, war diese meist mit 10- bis 12-Stunden-Tagen verbunden. Beworben habe ich mich in alle den Jahren nie.

Jördis, 50 Jahre

Meine Erfahrung

Ich habe eine kleine Netzwerkfirma, die habe ich wirklich langsam und mit wenig Geld aufgebaut. Nach zwei Jahren habe ich mir einen Kumpel dazugeholt, erst einmal auf freiberuflicher Basis, weil ich ja nicht wusste, wie sich die Aufträge entwickeln. Nach drei Jahren habe ich ihn fest angestellt. Heute ist er immer noch da und meine Firma hat insgesamt 5 Mitarbeiter.

Hans-Peter, 45 Jahre

Honorare und Absprachen

Als freier Mitarbeiter gelten Sie als selbständiger Unternehmer. Dabei können Sie Gewerbetreibender sein oder aber Freiberufler. Freiberufler sind meist akademische Berufsgruppen wie Journalist, Designer, Ingenieur, Architekt,

Arzt und so weiter. Auch viele Heilberufe können freiberuflich ausgeübt werden. Nicht freiberuflich sind beispielsweise viele Tätigkeiten, die mit direktem Verkauf zu tun haben. Die Bezeichnung »freier Mitarbeiter« sagt also noch nichts über Ihren steuerrechtlichen Status aus. Bei der Buchhaltung gibt es jedoch wenige Unterschiede und der Aufwand hält sich in Grenzen. Sie müssen unter anderem Rechnungen schreiben und Ihre Einnahmen den Ausgaben gegenüberstellen. Das, was am Ende und unter dem Strich (Einnahmen minus betriebliche Ausgaben) übrig bleibt, ist Ihr Gewinn oder Ihr Einkommen. Davon gehen noch weitere Kosten aus dem privaten Bereich ab, etwa die Kranken- und Rentenversicherungsbeiträge. Erst dann ergibt sich Ihr zu versteuerndes Einkommen, also die Steuer-Berechnungsgrundlage für das Finanzamt.

Apropos Renten- und Krankenversicherung: Diese müssen Sie als freier Mitarbeiter voll selbst tragen. Ausnahme: Versicherte über die Künstlersozialkasse, also z. B. Publizisten, Designer, Journalisten und Musiker. Aus diesem Grund muss Ihr Honorar deutlich über dem eines Angestellten liegen – mindestens ein Drittel. Üblich sind im Agenturbereich derzeit 150 bis 350 Euro am Tag. 150 Euro sollte dabei die absolute Schmerzgrenze nach unten sein: Bedenken Sie bitte, dass Sie Ausfallzeiten, Krankheit, Urlaub sowie Rentenversicherung in einem B2B-Verhältnis (Sie arbeiten als Unternehmer für Unternehmen) voll tragen müssen.

Wenn die freie Tätigkeit tatsächlich nur ein Vehikel für Sie ist und Sie den Wechsel in eine Festanstellung planen, dann sprechen Sie vorher mit dem Arbeitgeber über Ihren Wunsch und die bestehenden Möglichkeiten. Treffen Sie Vereinbarungen wie: »Nach diesem dreimonatigem Auftrag sprechen wir noch einmal über die Umwandlung in eine Festanstellung.«

Freie Mitarbeiter können von heute auf morgen wieder job-frei sein. Lassen Sie sich deshalb vertraglich bestimmte Arbeitskontingente zusichern. Sie können auch vereinbaren, dass Sie als Erster neu eingestellt werden, wenn neue Aufträge hereinkommen, also eine Art »Letter of Intend« bezogen auf die feste Einstellung.

Bewerben als freier Mitarbeiter

Stellen für freie Mitarbeiter sind so gut wie nie ausgeschrieben. Sie haben deshalb nur zwei Chancen: anrufen (siehe abgewandelte Initiativstrategie) oder Unterlagen/Angebot schicken. Der mündliche Weg ist auf jeden Fall der erfolgversprechendere. Sie können sofort den Bedarf erfragen. Das spart viel überflüssige Mühe und Papier und gibt Ihnen außerdem die Möglichkeit, sich individuell auf den (dann erfragten) Bedarf einzustellen.

Auch als freier Mitarbeiter sollten Sie dabei nicht mit der Tür ins Haus fallen und gleich nach konkreten Jobs für Sie fragen. Diese Frage wird mit hoher Wahrscheinlichkeit verneint. Versuchen Sie ins Gespräch zu kommen und das Gegenüber zum Reden zu bringen. Stellen Sie offene Fragen, die kein »Ja« oder »Nein« zulassen, und fordern Sie Informationen von der anderen Seite.

Praxisbeispiel für ein Akquisitionsgespräch:

»Guten Tag, Herr Münster. Ich habe in der Abendzeitung von Ihren Plänen gelesen.«
»Sie meinen den Bericht über Litauen?«
»Ich war ein halbes Jahr in Litauen und kenne mich sehr gut dort aus. Was erwarten Sie von einer Präsenz in diesem Land?«
»Sie wissen ja, die Produktion von Möbeln ist viel preiswerter. Außerdem gibt es eine sehr aktive Werbeindustrie ... Aber darf ich Sie nach dem Grund Ihres Anrufs fragen?«
»Mir hat der Bericht sehr gut gefallen. Ich bin selbst freie Art-Direktorin. Möglicherweise können Sie von meinem Wissen und Können profitieren. Ich finde Ihr Designkonzept sehr spannend und könnte mir vorstellen, auch vor Ort Aufgaben wahrzunehmen.«
»Sprechen Sie Litauisch?«
»Ein wenig, aber Sie kommen mit Englisch und Deutsch gut über die Runden. Es ist aber sicher sehr gut, Land und Leute zu kennen. Wenn ich es richtig verstanden habe, wollen Sie ja auch im Inland Ihre Ware verkaufen. Ich finde, wir sollten uns mal persönlich kennen lernen.«
»Ist das eine Bewerbung?«
»Es ist ein Vorschlag. Ich denke, wir können voneinander profitieren. Immerhin habe ich jahrelang für Boss Möbel gearbeitet.«
»Sie machen mich neugierig. Können Sie Freitag um 16 Uhr?«
»Ich freue mich. Haben Sie noch einen Wunsch an mich für diesen Termin?«
»Es wäre schön, wenn Sie Arbeitsproben mitbringen.«
»Aber sicher doch ... Ich freue mich auf das Gespräch.«

Schriftliche Unterlagen für freie Mitarbeiter

Bewerben Sie sich nicht mit einer klassischen Bewerbung. Die meisten Firmen wollen von freien Mitarbeitern überhaupt keine kompletten Bewerbungsunterlagen haben, da ihnen das Bearbeiten viel zu viel Aufwand bereitet. Sie wollen vielmehr schnell erfahren, was Sache ist – und dafür reicht ihnen ein Profil völlig aus. Das ist eine übersichtliche Darstellung Ihrer Leistungen, Kompetenzen, Qualifikationen und Erfahrung. Oft wird sogar sofort ein Termin zum gegenseitigen Kennenlernen abgemacht, ohne dass Sie zuvor Ihre Unterlagen schicken mussten. Ein Profil sollte folgende Aussagen beinhalten:

- Persönliche Kurzvorstellung (Alter, Ausbildung, Abschlüsse, gegebenenfalls Zertifizierungen)
- Meine Leistungen/Was ich biete
- Meine Erfahrung/Hintergrund
- Mein Schwerpunkte
- Referenzen/Auftraggeber
- Eventuell: Einsatzbereich als freier Mitarbeiter

Die Freie-Mitarbeit-Strategie Schritt für Schritt

1. Entscheiden Sie sich, ob Sie diesen Weg gehen wollen. Sie können sich schlecht zugleich auf eine feste und eine freie Stelle bewerben.
2. Definieren Sie: Wem können Sie Ihre Dienstleistungen anbieten?
3. Entwickeln Sie ein Profil zur Selbstdarstellung.
4. Bündeln Sie die passenden Arbeitsproben (weniger ist mehr).
5. Kontaktieren Sie die Firmen/Agenturen erst einmal per Telefon. Bieten Sie freie Mitarbeit an.
6. Vereinbaren Sie am besten direkt einen Vorstellungstermin oder schicken Sie ein Profil.
7. Falls Profil: Erkundigen Sie sich nach spätestens sieben Tagen, ob alles angekommen ist und Interesse besteht.
8. Falls persönliches Gespräch: Super, kommen Sie zur Sache und zum Termin!
9. Falls gar nichts geht: Fragen Sie, ob sich die Bedarfslage ändern könnte und ob Sie sich beispielsweise in zwei Monaten noch einmal melden dürfen.

Die Netzwerkstrategie

Motto: Ich kenn wen, der wen kennt

Was diese Strategie ausmacht

Martin geht squashen, wenn er einen neuen Job sucht. Am Rande des Feldes oder nach dem Match geht es dann beim Bier um das Thema: »Ich suche wieder ... die Entscheidung für den Job damals war falsch. Hast du nicht etwas gehört, kennst du nicht jemand?« Für Martin ist das der erste und sehr wichtige Teil seiner üblichen Jobsuche, die manchmal zweimal im Jahr und dann wieder nach vier Jahren angesagt ist.

Andere Menschen, die ähnlich gestrickt sind wie Martin, treffen sich auf Autobahnraststätten mit Kontaktpersonen der Konkurrenz. Kurzer Schnack: »Klar, ich hör mich für dich um. Bei XYZ soll der Vertriebsleiter ausgewechselt werden. Soll ich den Kontakt herstellen?« Wiederum andere rufen einfach einige zentrale Telefonnummern an, hören sich in der Nachbarschaft um oder unter den Eltern der Kindertagesstätte. Der Rest ergibt sich, weil es immer irgendjemand gibt, der gerade jemand sucht – oder weil immer jemand irgendjemand kennt, der jemand braucht ...

Dabei kann es um ganz unterschiedliche Jobs gehen: die Vertriebsleitertätigkeit wie bei Squasher Martin, den Empfang beim Zahnarzt, die Übersetzertätigkeit bei der Agentur oder die Führungsposition bei einem Großkonzern. Je höher Sie beruflich stehen und je spezialisierter Sie fachlich sind, desto wichtiger werden dabei in der Regel Job-Netzwerke – also Menschen, die Sie im Laufe des Berufes kennen gelernt und um sich geschart haben.

Trotzdem stimmt die Gleichung »viele Kontakte = keine Probleme« bei der Jobsuche oft nicht. Eine Menge Menschen haben zwar viele Kontakte, wissen diese aber nicht richtig zu nutzen. Die Netzwerkstrategie funktioniert nämlich nicht über »Masse«, sondern vor allem auch über »Klasse« – das Wissen um die Art des Umgangs mit den Kontakten oder besser: das Geheimnis. Aber dazu später mehr.

Das berufliche Netzwerken hat zwei Ebenen: Zum einen geht es um das Engagement in beruflichen und privaten Netzwerken und zum anderen um die »informellen« Netzwerke, also letztendlich die gesammelten Einzelkontakte, auch abfällig Vitamin B genannt (jedenfalls in Situationen, in denen diese genutzt werden).

Für wen sich diese Strategie eignet

Diese Strategie eignet sich für jeden, denn ein gutes Netzwerk hilft ebenso der Arzthelferin wie dem Vertriebsleiter. Bei der Jobsuche spielen dabei jedoch oft unterschiedliche Netzwerke eine Rolle: Handelt es sich um Bewerber mit breiter, branchenübergreifender Qualifikation (Buchhalter, Bürokräfte etc.), sind es eher die privaten Helfer, die mitsuchen und oft finden. Spezialisten entdecken Jobs dagegen eher in ihrem beruflichen Umfeld. Hier fällt die Netzwerk- nicht selten mit der Expertenstrategie zusammen.

> **Meine Erfahrung**
>
> Ich bin Mutter von zwei kleinen Kindern. In meiner alten Firma – einer Werbeagentur – konnte ich nicht mehr arbeiten, obwohl ich Geld verdienen musste, weil mein Mann sich gerade selbständig gemacht hatte und nicht genug für vier verdiente. In der Agentur waren Arbeitszeiten bis 21 Uhr völlig normal und danach ging es auf die Piste ... Irgendwann wurde mir die Kündigung unter die Nase gehalten. Ich bin gerichtlich dagegen vorgegangen und habe noch eine Abfindung obendrauf kassiert. Aber das reichte nur für ein paar Monate. Ich brauchte einen Job.
>
> Das habe ich auch bei jeder Gelegenheit jedem erzählt: den Nachbarn auf der Straße, Freunden, Ex-Kollegen. Nach wenigen Wochen bekam ich den Anruf einer bekannten Firma, die eine Übersetzerin auf 20-Stunden-Basis suchte. Genau der richtige Job für mich. Den Kontakt hatte der Mann einer Nachbarin hergestellt, der in der gleichen Firma arbeitet. Er hatte von meiner Suche gehört und gleich gesagt, dass er da jemand kenne. Ich bin sofort zum Vorstellungsgespräch und habe am nächsten Tag schon angefangen. Meine Unterlagen habe ich dann irgendwann für die Personalabteilung mitgebracht. Reingeschaut hat niemand mehr.
>
> *Petra, 34 Jahre*

Welche Risiken diese Strategie birgt

Gleich welches Netzwerk Sie nutzen wollen: Das größte Risiko liegt darin, sich entweder zu stark zurückzuhalten oder aber zu fordernd aufzutreten. Menschen, die sich nur mit dem Ziel der Job-Akquisition in Netzwerke begeben oder nur aus dem einem Grund immer wieder bei »alten« Bekannten anrufen, sind dort überaus ungern gesehen. Geben und Nehmen gehören dazu!

Ein weiteres Risiko liegt darin, sich die falschen Netzwerke auszuwählen. Es gibt aktive und weniger aktive Netzwerke, richtige Schnarch-Vereine und hochaktive. Außerdem eignet sich nicht jedes Netzwerk für jeden. Eine weitere Gefahr besteht darin, sich zu verzetteln: auf zu vielen Hochzeiten zu tanzen, zu viel zu machen und dabei nichts richtig. Besser als viele halbherzige ist ein richtiges Engagement.

Wann diese Strategie wirkt

Vitamin B ist meist schon vorhanden und wirkt deshalb schnell und aktuell. Müssen Sie sich Beziehungen erst aufbauen oder über Netzwerke verschiedener Art in Gang bringen? Dann stellen Sie sich auf mehrere Monate und vielleicht sogar Jahre ein. Bewegen Sie sich jedoch immer auf beiden Ebenen. Vitamin B entsteht auch aus (formalen) Netzwerken heraus und wächst dort langsam und nur mit viel (Beziehungs-)Pflege.

Das Geheimnis des Netzwerkens

Was machen gute Netzwerker eigentlich anders, besser, effektiver?

- ▶ Gute Netzwerker haben nicht nur Kontakte, Sie nutzen Sie auch.
- ▶ Gute Netzwerker geben und nehmen in einem ausgewogenen Verhältnis.
- ▶ Gute Netzwerker investieren am Anfang in eine Beziehung, Sie nehmen nicht sofort.
- ▶ Gute Netzwerker interessieren sich für den Menschen und nicht nur für seine Qualitäten als Jobvermittler

- Gute Netzwerker können um etwas bitten, es tut ihnen nicht weh.
- Gute Netzwerker kommen zur rechten Zeit auf den Punkt, also nach einem Warm-up.
- Gute Netzwerker fühlen sich nicht schlecht dabei, zum Geschäftlichen zu kommen. Es ist ja nur ein Tagesordnungspunkt.

Gute Netzwerker sind, und das ist ganz entscheidend, zudem fähig, Beziehungen aufrechtzuerhalten. Sie schätzen jeden Kontakt wert, und nicht nur die besten Freunde. Für sie gibt es auch Wegbegleiter, die sie ernst und wichtig nehmen und bei denen sie sich immer mal wieder melden – ohne zu große Nähe zu suchen und zu bieten.

Diese richtige Mischung aus Nähe und Distanz gelingt Männern meist wesentlich besser als Frauen. Männer sind von daher oft auch leichter in der Lage, Netze zu spielen. Sie haben weniger Dünkel und sind nicht nachtragend. Das soll jedoch nicht heißen, dass Frauen keine geborenen Netzwerkerinnen sind. Sie müssen es oft aber lernen und im Kopf bisweilen mehr Schalter umlegen als Männer.

Meine Erfahrung

Ich kann doch nicht ... Ich habe mich immer gesträubt, meine Kontakte auszunutzen. Ja, auszunutzen – dieses Wort habe ich mit dem Netzwerken in Verbindung gebracht. Nach zwei Jahren oder länger den Kontakt suchen, nur weil man einen Aufhebungsvertrag unterschrieben hat – nein, das wollte ich nicht. Neun Monate weigerte ich mich, von meinem Weg – auf Stelleninserate Bewerbungen zu schreiben – abzukommen, obwohl meine Outplacementberaterin immer wieder versuchte, mir die Bedeutung des Netzwerkens darzulegen. Als nur Absagen eintrudelten, habe ich mir dann einen Stoß gegeben und einen alten Freund angerufen, der inzwischen Marketingleiter in München ist. Wir haben uns getroffen und über Möglichkeiten gesprochen. Es war ein angenehmes Gespräch. In seinem Unternehmen war aktuell nichts zu machen, aber er gab mir Tipps, wo ich es noch versuchen könne. Das positive Gespräch gab mir einen Schub, es weiter auf diesem Weg zu versuchen. Ich habe dann tatsächlich eine Stelle gefunden, und das hat keine weiteren zwei Monate gedauert.

Monika, 29 Jahre

Netzwerk-Praxis: Wie viele Menschen kenne ich?

Jeder kennt jeden über sechs Ecken – das ist wissenschaftlich so erwiesen und eindrücklich auszuprobieren im Offenen Business Club, Open BC (im Internet unter *www.openbc.com*). Geben Sie Ihren Namen ein und den Namen einer Person, zu der Sie Kontakt aufnehmen wollen: Sie sehen sofort, wie viele Personen zwischen Ihnen stehen – es sind nie mehr als sechs.

Setzen sich einfach einmal hin und zählen Sie Ihre Kontakte. Wie vielen Menschen sind Sie im Laufe Ihres Lebens begegnet, mit denen Sie mindestens ein paar Worte ausgetauscht haben? An viele Menschen werden Sie sich nicht mehr erinnern, aber Sie können grob schätzen, wie viele es wahrscheinlich waren:

- Mit wem habe ich in der Sandkiste gespielt?
- Wen habe ich in der Schule kennen gelernt?
- Wer waren meine Studien- und Ausbildungskollegen?
- Wer ist mir beim Sport begegnet?
- Wer ist mir beim ehrenamtlichen Engagement begegnet?
- Wen kenne ich aus dem ersten, zweiten, dritten Job?
- Wen kenne ich aus Weiterbildungsveranstaltungen?
- Wer ist mir auf der Straße, beim Einkaufen begegnet?
- Welche Urlaubsbekanntschaften habe ich?
- Welche Bekannten kenne ich über Partner?
- Welche über Kinder?
- Welche Nachbarn habe ich im Laufe der Zeit kennen gelernt?

Wenn Sie einfach mal überschlagen, zu wie vielen Personen Sie mehr als »Hallo« gesagt haben, kommen Sie schnell auf mehr als tausend. Das ist Ihr Netzwerk. Und es ist noch größer, denn zum Netzwerk gehören auch die Kontakte hinter Ihren Kontakten. Jeder Schulfreund hat seinerseits mehr als 1.000 lockere oder intensive Beziehungen aufgebaut, die er für Sie nutzen kann. Menschen, mit denen er Beziehungen pflegt, kann er dazu bewegen, in ihrem eigenen Netzwerk für Sie tätig zu werden. Schauen Sie also über den direkten Kontakt hinaus in dessen Umfeld – so ergeben sich noch viel mehr Möglichkeiten.

Beispiel:

▸ Anni hat einen Freund, der in einem Zukunftsinstitut arbeitet.
▸ Peter kennt über seinen Bekannten Henri jemand, der ein Elektrogeschäft besitzt.
▸ Guido besitzt als Partner einer Steuerkanzlei den direkten Draht zu fast allen mittelständischen Unternehmen im Ort.

Kontaktlisten erstellen
Für Ihre Jobsuche sollten Sie aus dieser Vorlage Kontaktlisten erstellen. Gehen Sie die einzelnen Bereiche – Job, Schule, Nachbarschaft etc. – systematisch durch. Wen aus Ihrem Netzwerk können Sie für die Jobsuche ansprechen? Recherchieren Sie im Internet, was aus alten Kollegen, Klassenkameraden oder anderen Wegbegleitern geworden ist. Wählen Sie zunächst die zehn wichtigsten Kontakte aus und entscheiden Sie, wie Sie diese Person am besten ansprechen.

Fallen Sie beim ersten Kontakt nicht mit der Tür ins Haus, sondern senden Sie z. B. einfach einen netten Gruß über das Internet. Sprechen Sie über Ihr Anliegen in jedem Fall persönlich. Vereinbaren Sie mit Ihrem Kontakt ein Ziel, das auch überprüft werden kann.

Beispiel: Sie vereinbaren, dass die Kontaktperson darüber nachdenkt, was sie für Sie tun kann – z. B. bestimmte Personen ansprechen oder das schwarze Brett/Infranet im Auge behalten – und dass Sie sich in drei Tagen erneut sprechen. Halten Sie fest, was besprochen worden ist, und bitten Sie um eine Angabe, bis wann die Kontaktaufnahme erfolgen soll. Lassen Sie Ihren Kontakt dabei nicht einfach laufen, sondern fassen Sie regelmäßig nach. Treffen Sie auch hier Vereinbarungen wie »Darf ich dich nächste Woche dazu noch einmal anrufen?«

Meine Kontaktliste:

1. _____

2. _____

3. _____

4. _____

5. _____

6. _____

7. _____

8. _____

9. _____

10. _____

Ist die erste Kontaktliste abgearbeitet, gehen Sie zur nächsten über. Sie haben nicht mehr als zehn Kontakte? Sie irren sich! Gehen Sie noch einmal in sich und sammeln Sie Erinnerungen und damit Namen. Weitere Anlaufstellen und Gedächtnisstützen sind Freundschaftsportale im Internet wie *www.stayfriends.de*, in denen sich z. B. alle Schüler eines Jahrgangs eintragen – Gesichter, die Sie vielleicht Jahre und Jahrzehnte nicht gesehen haben. Was machen sie jetzt?

Welche Netzwerke gibt es?

Lose Netzwerke
Zu den losen Netzwerken zählen beispielsweise Stammtischrunden in Kneipen. Bei diesen Treffen werden zwanglos Informationen ausgetauscht und Beziehungen gepflegt – für die aktive Jobsuche ideal. Auch der Freundes- und Bekanntenkreis, die Nachbarn oder die Eltern aus dem Kindergarten gehören zu den losen Netzwerken.

Horizontale Netzwerke
Horizontale Netzwerke sehen Sie überall dort, wo gleichartige berufsspezifische Verbindungen bestehen. Sie haben einen Verbandscharakter bzw. eine entsprechend feste Struktur. Für die aktive Jobsuche sind sie weniger geeig-

net, weil viele Menschen mit gleichem beruflichen Hintergrund aufeinander treffen, die letztendlich um ähnliche Stellen konkurrieren. Es gibt allerdings Netzwerke, die auch karrierefördernd wirken, weil Headhunter beispielsweise unter den Mitgliedern suchen oder das Netzwerk dem Mitglied eine Plattform bietet, um sich mit seinem Namen und Profil – etwa in Datenbanken, aber noch besser persönlich – zu präsentieren. Zu den horizontalen Netzwerken gehören beispielsweise so genannte Lobby-Netzwerke (Berufsverbände, in denen Sie sich engagieren).

Vertikale Netzwerke

Vertikale Netzwerke sind in der Regel berufsübergreifend und haben das Ziel, Menschen unterschiedlichster beruflicher Prägung zueinander in Beziehung zu bringen. Diese Netzwerke sind gut für die unmittelbare Karriere, weil verschiedene Berufe und idealerweise auch hierarchische Ebenen aufeinander treffen.

Beispiele:

- Ausbildungs-Netzwerke (Kommilitonen, Mitauszubildende)
- Schulische Netzwerke (auch Alumni genannt: ehemalige Mitschüler)
- Politische Netzwerke (falls Sie sich politisch engagieren)
- Freizeit-Netzwerke (Fitness-Verein etc.)
- Virtuelle Netzwerke (Netzwerke im Internet, z. B. Menschen, die Sie aus Foren kennen)

Diagonale Netzwerke

Diagonale Netzwerke beruhen zumeist auf weit reichenden persönlichen, häufig privaten Kontakten, die man individuell im Laufe der Zeit geknüpft und gepflegt hat und im Rahmen strategischer Allianzen nutzt. Das ist der Netzwerkrahmen, in dem auch besagtes Vitamin B zum Tragen kommt.

Beispiele:

- Job-Netzwerke (Kollegen und alle, die Sie aus ehemaligen Jobs kennen – auch von anderen Firmen)
- Empfehlungsnetzwerke (Personen, die Sie empfehlen. Diese können bewusst installiert werden – »Wenn du mich empfiehlst, empfehle ich dich« – oder sie haben sich »einfach so« ergeben)

> **Meine Erfahrung**
>
> Vor einigen Jahren bin ich durch ein Webgrrl – die Webgrrls sind ein Netzwerk aus internetaffinen Frauen – an einen Praktikumsplatz gekommen. Das geschah noch am Abend des persönlichen Kennenlernens. Ich hab bei einem Rundfunksender in der Online-Abteilung das Praktikum gemacht und war danach dort auch noch weiter beschäftigt. Solche Praktika werden offiziell nicht ausgeschrieben. Ohne die Webgrrls wäre ich da nie reingekommen.
>
> *Dinah, Mediendesignern*

Die vollendete Form: Vitamin B

Eine hohe Dosis Networking führt zu Vitamin B. Diese weit verbreitete Form der Beziehung hat in Deutschland immer noch etwas Anrüchiges. Da ist jemand, der hat seinen Job nur dank Vitamin B. »So eine Riesenflasche, der hat doch was mit der Chefin, liegt ja auf der Hand …« Und so weiter.

Hier spielen Neid und Vorurteile mit hinein. Neid auf die, die es im Leben offensichtlich leichter haben, obwohl sie fachlich keine Überflieger sind. Außerdem Neid auf Menschen, denen es gelingt, Kontakte aufzubauen und zu halten. Dazu kommt noch das Vorurteil, dass Menschen, die Vitamin B auf eine Position befördert hat, schlechter arbeiten als andere.

Das stimmt so nicht. Es verhält sich aber folgendermaßen: Jeder Chef möchte natürlich gern loyale Mitarbeiter um sich haben, am liebsten solche, die er aus früheren Tätigkeiten kennt und dabei schätzen gelernt hat. Dass er diese dann gerne in neue Positionen »mitnimmt«, versteht sich fast von selbst. Die Bewerbung einer anonymen Person liefert keinerlei Sicherheit. Bewirbt sich jedoch jemand, für den eine andere Person die Hand ins Feuer hält, sieht die Sache schon ganz anders aus. Es ist ein wirkungsvolles Indiz dafür, dass dieser Kandidat »aus dem Off« gute Arbeit leistet.

Kaum jemand wird totale Versager empfehlen, nur weil sie gute Bekannte sind – zumal die Empfehlung auf einen selbst zurückfallen kann. Eine Empfehlung ist deshalb in den meisten Fällen ernst gemeint und empfohlen wird auch nur der, der in seinem Job gut ist.

> **Meine Erfahrung**
>
> Schon bei der Diplomarbeit fing es mit dem »Bewerben ohne Bewerbung« an. Ein Kommilitone hat mir eine Diplomarbeit bei einem Fraunhofer Institut verschafft. Ich hab ihn einfach gefragt, und er hat mir angeboten, dort nachzufragen. Und ich habe dann auch die Zusage bekommen. Nach dem Diplom hat mir die Betreuerin meiner Arbeit über ihre persönlichen Kontakte einen Arbeitsplatz vermittelt. Ich wurde dort auch eingestellt. Leider ging es der Firma plötzlich finanziell nicht so gut, und so wurde ich nach drei Wochen zusammen mit meinem Chef und anderen Mitarbeitern entlassen. Zurzeit arbeite ich in dem Institut als studentische Hilfskraft. Mein ehemaliger Chef hat mich neulich angerufen: Er hat einen Job für mich!
>
> *Gaby, Diplom-Politologin*

Wie netzwerke ich richtig?

Richtiges Netzwerken beinhaltet regelmäßige Kontaktpflege, einen Anruf ab und zu, eine nette E-Mail, die Karte zum Geburtstag. Egal wie weit weg Sie sind oder welche Wege Sie getrennt haben, ein loses Band bleibt dadurch erhalten. Dabei reicht ein Kontakt im Jahr. Schon damit zeigen Sie, dass Sie an den Menschen denken, und bringen sich ganz sicher in gute und positive Erinnerung. Denn: Sie melden sich, ohne dass Sie etwas wollen. Richtiges Netzwerken ist nie direkt zweckgebunden. Dass es letztendlich zu einer besseren Jobversorgung führt, ist ein angenehmer Nebeneffekt.

Zum Netzwerken gehört aber auch, dass Sie helfen und Wissen weitergeben – und auch das sollte nicht zweckgebunden sein und ohne den Hintergedanken »Jetzt ist er mir etwas schuldig« geschehen. Der Dank kommt sowieso. Vielleicht nicht heute oder morgen, sondern in ein paar Jahren. Dann, wenn Sie einen Job suchen. Dann sitzt Ihr Bekannter vielleicht auf einer wichtigen Stelle oder kennt durch seine Tätigkeit Hinz und Kunz.

Ich habe bisher nichts gegeben!

- »Ich will ja niemand ausnutzen.«
- »Ich kann doch den nicht um einen Gefallen bitten!«
- »Es geht doch nicht, dass ich nach so vielen Jahren einfach auf XY zugehe.«

Viele Bewerber finden 1.001 Gründe, um ja nicht netzwerken zu müssen. Sie nutzen Kontakte oft mit dem Argument nicht, dass Sie selbst ja auch genervt wären, wenn jemand nach Jahren der Funkstille plötzlich anruft – mit solch eindeutigen Hintergedanken. Sie sagen, Sie hätten ja auch nichts für den anderen getan.

Das ist eine Haltung, die nur aus einem gemütlichen Sicherheitsgefühl (»Ich brauche keinen«) geboren sein kann. Sie hätten es anders machen sollen. Das heißt aber nicht, dass Sie sich jetzt wie eine Maus in Ihr Loch zurückziehen dürfen. Damit würden Sie alle an sich vorbeiziehen lassen, die solche Rücksichten nicht nehmen. Außerdem verbauen Sie sich Möglichkeiten für später.

Scheuen Sie sich also nicht, den Kontakt wieder aufleben zu lassen. Sie können nichts verlieren, sondern nur gewinnen. Vielleicht sagt Ihr Kontakt: »Nein, du hast dich Jahre nicht gemeldet, also helfe ich dir nicht«, doch das ist sehr unwahrscheinlich. Vermutlich werden Sie einfach ein nettes Gespräch führen. Sie selbst lernen daraus, dass es wichtig ist, wieder auf das Beziehungskonto einzuzahlen, damit ein Guthaben da ist. Gestalten Sie Ihr Leben in Zukunft so, dass der Gedanke »Man sieht sich mindestens zweimal« immer gegenwärtig ist – verbunden mit dem Wunsch, Beziehungen zu nähren, auch wenn es keine engen sind.

Für einen neuen Anfang ist es nie zu spät. Außerdem denken richtige Netzwerker selten rein nutzenorientiert. Es ist ein selbstverständliches Geben, auch als unverzinster Vorschuss. Scheuen Sie sich nicht, diesen anzunehmen, und bedanken Sie sich auf Ihre Weise. Geben auch Sie Ihr Wissen oder Ihre Kontakte weiter, helfen und unterstützen Sie oder machen Sie dem anderen einfach ein schönes Geschenk.

Kontakt aufnehmen

Am besten findet Ihr erstes Gespräch mit dem neuen-alten Kontakt persönlich und unter vier Augen statt. Laden Sie ihn zum Essen oder zu einer kulturellen Veranstaltung ein. Ist wenig Zeit und der Abstand groß, funktioniert das Telefon immer noch besser als die anonyme E-Mail. Das gilt vor allem dann, wenn Sie Vereinbarungen treffen. Und das sollten Sie tun! Fragen Sie nicht nur nach Jobs im direkten Umfeld, sondern bitten Sie Ihren Kontakt auch, die Augen für Sie offen zu halten. Entwickeln Sie mit ihm gemeinsam

Ideen, wie und wo er genauer hinschauen kann. Verabreden Sie sich auch, um Ergebnisse zu besprechen.

Ob Sie direkt mit Ihrem Anliegen ins Haus fallen oder erst einmal über Gott und die Welt reden, hängt von Ihrer Persönlichkeit ab. Entscheiden Sie, womit Sie sich besser identifizieren können. Sicher lockert guter Smalltalk die Situation auf und erhöht die Bereitschaft, sich auf den anderen einzulassen. Erkundigen Sie sich nach seinem Befinden und zeigen Sie Interesse – das ist der Boden, auf dem Sie Ihr Anliegen vorbereiten. Geht das aber nicht und Sie haben ein ungutes Gefühl dabei, erst einmal zwanzig Minuten zu »labern«, bevor Sie zur Sache kommen, dann machen Sie es so, wie Sie es für richtig halten. Packen Sie Ihren »Anschlag« etwas in Watte und schießen Sie los: »Ich will gar nicht lange drum herumreden ...«

Tipp

Nehmen Sie eine selbstbewusste, positive Haltung ein. Ihre Haltung wirkt auf Sie und die Ergebnisse, die Sie bei Netzwerk-Gesprächen erzielen. Je überzeugter Sie von dem Erfolg Ihrer Aktion sind, desto eher werden Sie auch etwas bewirken. Telefonieren Sie also mit guten Gefühlen – dem anderen gegenüber und mit Blick auf Ihren Erfolg.

Empfehlungsmanagement aufbauen

»Empfehlen Sie mich, dann empfehle ich Sie.« Anrüchig? Nein, wenn Sie jemand wirklich aus Überzeugung empfehlen können, weil Sie seine Arbeit kennen und schätzen, ist es das nicht. Sie loben ja niemanden, über den Sie nichts sagen können, oder?

Empfehlungsmanagement lohnt sich im Job also nur für ehemalige gute Kollegen. Diese können eine lockere Vereinbarung treffen, den jeweils anderen bei allen sich bietenden Gelegenheiten zu nennen – vor allem dann, wenn sich neue Aufträge und sogar Jobs ergeben.

Mentoren gewinnen

Fürsprecher begleiten einen das ganze Leben – wenn Sie den Kontakt zu diesen Menschen sorgsam pflegen. Mentoren sind meist etwas ältere und erfahrenere Personen, auf die andere hören und die etwas zu sagen haben.

Das können Lehrer, Professoren oder Unternehmer sein. Sie setzen sich aus freien Stücken für Sie ein, weil sie Sie als Mensch und Fachmann schätzen und weil sie an Ihre Karriere glauben.

Versuchen Sie schon in Studium und Ausbildung gezielt solche Mentoren zu gewinnen. Pflegen Sie diese Kontakte regelmäßig, indem Sie sich immer mal wieder melden, Briefe schreiben oder einmal im Jahr zu einem persönlichen Treffen verabreden. Mentoren verfügen fast immer über ein eigenes großes Netzwerk und sind gerne bereit, dieses zu aktivieren, wenn ihr Mentee Hilfe braucht.

Schauen Sie in Ihre Vergangenheit: Hatten Sie bereits Mentoren, ohne das zu bemerken?

_____

Wer könnte Ihr Mentor werden? Was müssten Sie dafür tun?

_____

Das passende Netzwerk finden oder selbst eines gründen

Sie haben noch kein Netzwerk, in dem Sie sich dauerhaft engagieren? Sie haben sich immer herausgehalten? Keine Lust oder Zeit gehabt? Dann ist es höchste Zeit, sich einen eigenen Kreis aufzubauen. Suchen Sie sich ein oder zwei Netzwerke aus, in denen Sie sich wirklich engagieren können und wollen. Das kann eine Frauenvereinigung, ein Sportverein, ein beruflicher, wirtschaftlicher oder politischer Verband sein. Um die Atmosphäre und den Grad des Engagements im Netzwerk zu erspüren, sollten Sie an Veranstaltungen teilnehmen, bevor Sie Mitglied werden. Holen Sie auch die Meinung anderer Mitglieder ein.

Fest steht: Es bringt nichts, irgendwo nur dabei zu sein und Gebühren zu zahlen. Sie müssen auch Ihrerseits etwas einbringen. Das fängt mit dem Besuch von Stammtischen an und hört mit dem Ehrenamt auf.

Kontakte bauen sich dann ganz von allein auf. Pflegen Sie diese auch in weniger aktiven Zeiten.

Stellen Sie fest, dass keines der bestehenden Netzwerke für Sie und ihre speziellen Wünsche geeignet ist, sollten Sie selbst aktiv werden. Egal ob es sich um ein rein beruflich orientiertes Netzwerk, ein Diskussionsforum im Internet oder einen zwanglosen Stammtisch handelt: Sie als Initiator machen sich schnell einen Namen und gewinnen so relativ rasche neue Kontakte, die sich bei Ihrer Jobsuche als hilfreich erweisen können.

Meine Erfahrung

Ein Nachbar meiner Eltern (den ich auch sehr lange kenne) hat einen Sohn, der eine IT-Firma leitet. Der Nachbar hat für mich nachgefragt, ob dort Leute eingestellt werden. Ich habe die Antwort bekommen, dass ich mich morgen doch gleich persönlich vorstellen soll.

Patrick, Programmierer

Netz-Wahl
Jeder braucht mindestens ein bis drei Netzwerke, in denen er sich engagieren kann. Beispiel: ein allgemeines und branchenübergreifendes Netzwerk, ein Lobbyverband, ein Freizeitclub.

Zu den allgemeinen Netzwerken gehört der schon erwähnte OpenBC. Hier entdecken Sie mit Sicherheit viele eingeschlafene Kontakte, denen Sie »Hallo« sagen können. Die Kontaktaufnahme ist ganz einfach möglich und unkompliziert. Auch an fremde Personen können Sie herantreten – zumal sich Chefs im OpenBC nicht verschanzen, sondern sich eher offen und zugänglich zeigen.

Für Sie selbst ist der OpenBC eine Möglichkeit, sich darzustellen – auch mit dem Ziel, von Arbeit- und Auftraggebern angesprochen zu werden. Um das zu erreichen, müssen Sie aktiv werden und sich »sichtbar« machen, etwa durch die Teilnahme an Diskussionen in den zahlreichen OpenBC-Foren oder indem Sie OpenBC-Mitglieder einfach direkt anschreiben. Trauen Sie sich nur, das ist in diesem Zusammenhang sehr wichtig. Die Angst vor Datenmissbrauch oder auch die Furcht, von fremden Menschen angesprochen zu werden, schadet dem erfolgreichen Netzwerken. Hier gilt: Entscheiden Sie, was Ihnen wichtig ist und welche Prioritäten Sie setzen. Liegt Ihnen mehr an (vermeintlicher) Datensicherheit und Anonymität oder am Networking – mit allen Konsequenzen.

Um sich für ein Netzwerk zu entscheiden, sollten Sie sich erst einmal einige Fragen beantworten.

Welche Verbände sind in meinem beruflichen Umfeld aktiv?

_____

_____

Welche Verbände sind im Branchenumfeld tätig?

_____

_____

Wo kann ich mich für ein Fachthema engagieren?

_____

_____

Welche politischen Netzwerke sprechen mich an?

_____

_____

Welche Freizeitvereine reizen mich?

_____

_____

Welche Frauennetzwerke interessieren mich?

_____

_____

Netzwerk-Adressen

Berufsverbände

- Übersicht, z. B. bei *www.allesklar.de*
- Bundesverband Sekretariat und Büromangement: *www.bsb-office.de/*
- Deutscher Beamtenbund: *www.bte.dbb.de/*
- VDE (*www.vde.de*): Über 33.000 Ingenieure, IT-Experten, Unternehmen und Studenten sind Mitglied im VDE.

Virtuelle Netzwerke

- OpenBC (*www.openbc.com*): Offener Business-Club für alle
- Stayfriends (*www.stayfriends.de*): Alte Schulkameraden finden
- Webgrrls (*www.webgrrls.de*): Frauen mit hohem Bezug zum Internet

Etablierte Netzwerke

- Lions Club (*www.lions-club.de*): Mehr als 1,3 Millionen Mitglieder weltweit
- Rotary (*www.rotary.de*)

Frauen

- Frauen Klüngeln (*www.frauen-kluengeln.de*): Auf dem Portal von Anni Hausladen findet sich eine umfangreiche Übersicht von Frauen-Netzwerken.
- Femmes geniales (*www.femmes-geniales.de*): Business-Frauen
- Bund der Frau im freien Beruf und Management (*www.bfbm.de*): Verband für Akademikerinnen und Frauen in Führungspositionen.
- Business und Professional Woman (*www.BPW-Germany.de*): Sehr aktiver Verband mit mehr als 1.000 Frauen bundesweit

Die Netzwerkstrategie Schritt für Schritt

Für die aktuelle Jobsuche

- Ermitteln Sie Ihre bereits vorhandenen Netzwerke und Ihr Vitamin-B-Potenzial.
- Erstellen Sie Kontaktlisten mit Personen, die Sie in die Jobsuche einbinden wollen.
- Entwickeln Sie eine Strategie, wie Sie diese Personen ansprechen. Wollen Sie telefonieren, einladen, Treffen organisieren?

Für langfristiges Netzwerken

- Recherchieren Sie Netzwerke, die sich für ein längerfristiges Engagement eignen.
- Informieren Sie sich über Leistungen und Angebote sowie die Mitgliederzahl.
- Handelt es sich um ein stark wachsendes Netzwerk? Dies ist ein Indiz für hohe Aktivität.
- Besuchen Sie die Stammtische oder Veranstaltungen, um sich einen Eindruck zu verschaffen.
- Entscheiden Sie sich für ein bis drei unterschiedliche Netzwerke, in denen Sie sich stärker engagieren möchten.

Die Projektstrategie

Motto: Ich pack an

Was diese Strategie ausmacht

In vielen Berufsfeldern ist es üblich, in Projekten zu arbeiten – etwa im sozialen Bereich, wo diese Projekte in der Regel ein bis drei Jahre dauern. Auch im Kultursektor existieren zahlreiche Projektaufgaben, also Tätigkeiten mit einem Anfang und einem (klaren) Ende. Außerdem sind Projekte in der IT, im Ingenieurswesen und unter Naturwissenschaftlern verbreitet. Nicht wenige Menschen arbeiten dabei sogar ausschließlich oder überwiegend in Projekten – entweder auf der Basis von Zeitverträgen oder aber im Rahmen einer Honorartätigkeit.

Ein Projekt steht für eine in sich abgeschlossene Aufgabe. Es ist deshalb ein idealer Einstieg in eine spätere Festanstellung. Haben Sie ein Projekt erfolgreich zu Ende gebracht, stehen Ihnen alle Türen offen. Nicht selten wird ein Projekt in die Praxis überführt und dort ohne zeitliche Befristung genutzt. Dafür braucht man Menschen, die sich damit auskennen.

Für eine soziale Einrichtung oder ein Unternehmen bedeutet es kaum ein Risiko, Sie als Projektmitarbeiter einzustellen, da Sie ja nur für einen überschaubaren Zeitraum engagiert werden. Zudem ist sogar erwiesen, dass sich Projektarbeiter mehr dafür engagieren, gute Ergebnisse zu erzielen. Ihre Projekte sind sichtbar und fassbar – allein das weckt oft schon einen ganz anderen Ehrgeiz und fordert die Einsatzbereitschaft.

Schließlich stehen Sie am Ende des Projekts mit einem Ergebnis da, das sich messen lässt und – in den meisten Fällen – nun dem Alltag standhalten muss. Das hohe Engagement der beteiligten Mitarbeiter führt dazu, dass Folgeprojekte sich oft automatisch ergeben: Wer einmal durch ein erfolgreiches Projekt Fuß gefasst hat, sitzt in der Regel fest »im Sattel« und braucht keine Bewerbungen mehr zu schreiben.

Oft ist eine zeitbegrenzte Projektarbeit auch der Einstieg in die unbegrenzte Festanstellung. Der Vorteil für den Arbeitgeber und für Sie: Sie können sich bewähren und beweisen, der Arbeitgeber kann Sie »testen«.

> **Meine Erfahrung**
>
> Als Volkswirtin habe ich immer in sozialen Projekten gearbeitet, die meist auf zwei oder drei Jahre begrenzt gewesen sind. Das kann ein Internetcafé für Senioren oder ein innovatives Schulungsprogramm für Hauptschüler sein. Ich habe Konzepte entworfen und auch komplexere Projekte von A bis Z auf die Beine gestellt. Ich habe gesehen, wie aus einem theoretischen Stück Papier Praxis wurde. Das ist und war immer extrem befriedigend, da ich ohnehin ein Typ bin, dem schnell langweilig wird. Bewerbungen schreiben war bisher nie nötig, das läuft immer alles von selbst. Schon während der Projekte werde ich angesprochen und kann mir das nächste Projekt meist aussuchen. Mir macht es auch nichts aus, mal ein paar Monate zu pausieren, im Gegenteil. Ich weiß, dass danach etwas kommt. Jetzt bin ich wieder in so einer Situation des Wechsels und entscheide mich gerade ... schriftliche Unterlagen? Die habe ich seit mehr als zwölf Jahren nicht mehr gebraucht.
>
> *Gabi, 47 Jahre*

Für wen sich diese Strategie eignet

Projektarbeit ist auf dem Vormarsch. Ob Geologe, IT-Spezialist, Journalist oder Pädagoge: Die Arbeit als Projektleiter oder Projektmitarbeiter in einer bestimmten Rolle – etwa als Texter, Grafiker, Konzeptionist oder Techniker – kommt für fast alle akademischen Berufsgruppen in Frage.

Dabei bestehen kleinere Projekte oft nur aus einer einzigen Person: dem Projektleiter. Bei größeren Projekten gibt es außerdem noch mehrere Projektmitarbeiter. Projektarbeit ist nicht für jede Persönlichkeit geeignet. Manche Menschen haben Schwierigkeiten damit, Dinge aufzubauen und zu einem klaren Ende zu führen, die zeitliche Befristung belastet sie. Als Projektleiter stehen Sie zudem im Zentrum der Aufmerksamkeit, was auch Stress erzeugen kann. Auf der anderen Seite kommt es vielen Persönlichkeiten aber auch sehr entgegen, zeitbegrenzte Tätigkeiten auszuüben. Das sind vor allem Menschen, denen schnell langweilig wird. Abwechslung im Job ist bei Projektarbeit jedenfalls garantiert.

Ab 50 oder 55 Jahren ist in manchen Branchen kaum eine Alternative mehr zur Projektarbeit – also zu befristeten Anstellungen oder freien Tätigkeiten – gegeben. Die vermeintlichen »Senioren« sind oft gezwungen, auf Projektarbeit auszuweichen.

Beispiele für Projektarbeit

Projekte entstehen in allen großen und kleinen Firmen. Beispiel: Ein ganzer Firmenzweig soll von München nach Augsburg verlegt werden – ein Projekt, das einen kompetenten Personaler fordert, der nicht unbedingt bei dem Unternehmen angestellt sein muss. Oder: In einem Unternehmen soll das Warenwirtschaftssystem auf SAP umgestellt werden, eine Institution will ihre Hardware umrüsten oder es soll ein neues Abwassersystem eingeführt werden.

Auch im journalistischen Bereich dominieren Projekte, etwa in den so genannten »Entwicklungsredaktionen«. Hier werden neue Zeitungen und Zeitschriften mit kompletten Redaktionsteams ausgebrütet, um sie auf Marktfähigkeit zu testen. Sehr viele dieser Projekte erreichen dieses Stadium nie, erweisen sich als nicht »stark« genug – in diesem Fall haben die Projektmitarbeiter »für die Tonne« gearbeitet.

Im sozialen Bereich stoßen Institutionen viele Projekte selbst an, entwickeln also Ideen und Konzepte und etablieren diese. Dabei beantragen die Institutionen Fördermittel aus Bundes- und Landestöpfen sowie vom Europäischen Sozialfonds (ESF), der noch bis 2006 Geldmittel zur Verfügung stellt und dann durch einen Nachfolger-EU-Geldtopf ersetzt wird.

Formen der Projektarbeit

Als Projektarbeiter sind Sie entweder selbständig und arbeiten auf eigene Rechnung oder Sie sind angestellt. Das hängt meist auch von der Dauer des Projekts und der Art der Tätigkeit ab. Nur der sozialversicherungsrechtliche Status unterscheidet Sie wirklich von einem Angestellten. Projektmitarbeit ist nicht mit einer unternehmerischen Vollexistenz zu vergleichen, bei der Sie sich vermutlich nicht so lange an einen einzigen »Kunden« binden würden. Sehr wahrscheinlich erhalten Sie als Freelancer-Projektmitarbeiter eine Vergütung, die mindestens ein Drittel und oft mehr als das Doppelte eines vergleichbaren Angestellten-Gehalts beträgt. Je nach Tätigkeit sind Sie dabei steuerrechtlich Freiberufler oder Gewerbetreibender. Lesen Sie für weitere Details das *Praxisbuch Existenzgründung* (siehe Literaturempfehlungen auf Seite 232).

> **Tipp**
>
> Klären Sie Ihren steuerrechtlichen Status vor Aufnahme der Tätigkeit mit dem Finanzamt. Sie ersparen sich damit späteren Ärger und mögliche Gewerbesteuerzahlungen. Kaum ein Unternehmen kann es sich leisten, Sie mehr als zwölf Monate ohne Arbeitsvertrag zu beschäftigen, der Verdacht der Scheinselbständigkeit liegt in so einem Fall nahe. Und das kann teuer werden, da das Unternehmen zur Nachzahlung von Sozialversicherungsbeiträgen verpflichtet wird.

> **Meine Erfahrung**
>
> Ich habe bisher eigentlich immer erst Bewerbungen abgegeben, wenn ich schon zu 80 bis 90 Prozent sicher wusste, dass ich den Job kriege. Da waren die Gespräche schon gelaufen. Ich arbeite vor allem im Wissenschaftsbereich und bin noch relative Berufsanfängerin (drei Jahre, drei Projekte, jetzt Qualifikationsstelle mit Lehrverpflichtung, vorher vier Jahre studentische Hilfskraft und Werkverträge). Mein Vorteil dabei waren gute Verbindungen aus Praktika und die Bereitschaft, ungeliebte Projekte erfolgreich zu Ende zu bringen, sodass sich im Anschluss immer eine bessere Tätigkeit fand. Weitere Pluspunkte: Loyalität und Durchhaltevermögen. Die Kehrseite war wie immer bei befristeten Verträgen und Selbständigkeit eine gewisse Unsicherheit.
>
> *Anja, Diplom-Sozialwissenschaftlerin*

Sich auf Projektarbeit bewerben

Sie wollen ein neues Projekt initiieren? Dann sollten Sie im allerersten Schritt Partner für Ihre Idee gewinnen. Einflussreiche Menschen, die Sie unterstützen, eventuell auch, wenn es darum geht, Ideen bei Geldgebern und Behörden durchzusetzen bzw. den richtigen Geldtopf zu finden. Dies können Professoren sein, leitende Angestellte oder Politiker. Scheuen Sie nicht den Kontakt bis auf höchste Ebene. Es ist ein mutiger Schritt, bei einem Unbekannten anzurufen, aber einer, der sich sehr oft auszahlt, wenn Sie es schaffen zu überzeugen – am Telefon oder in einem persönlichen Gespräch.

Bei Behörden funktioniert oft auch der schriftliche Weg, denn Sie können recht sicher sein, dass auf jeden Brief geantwortet wird. Sie können Ihre Idee auch bei entsprechenden Stellen einreichen. So fordert der Europäische Sozialfonds Hessen *(www.esf-hessen.de)* auf seiner Website ganz offiziell dazu auf, gute Projektideen einzureichen. Neben Bildungsträgern sind hier immer auch Einzelpersonen angesprochen. Auch wenn der Schritt »Ausdenken & Einreichen« prinzipiell möglich ist, zeigt die Praxis jedoch, dass es von großem Vorteil ist, wenn Sie einen Partner haben. Dies kann beispielsweise ein Bildungsträger sein, eine Schule, eine Uni, eine Initiative oder ein Verein.

Bedenken Sie bei der Suche nach Projekten auch, dass es immer bestimmte Strömungen und Trends gibt, die sehr stark politisch geprägt sind. Informieren Sie sich über diese Trends auf den Seiten der Bundesministerien, z. B. für Forschung und Entwicklung oder Bildung. So wird aktuell sehr viel Geld in den Bereich des »Gender Mainstreaming« investiert, das die Annäherung von Männern und Frauen in nahezu allen Bereichen vorantreibt – von der Sprache bis zur Naherholung. Eine Zeit lang stand auch E-Learning hoch im Kurs. Und nach wie vor werden händeringend gute Ideen für eine Entlastung des Arbeitsmarkts und die Integration älterer Mitarbeiter gesucht.

Meine Erfahrung

Nachdem mein Projekt beendet war, war ich ganz ruhig, bin erst einmal drei Wochen zum Wandern gefahren. Ich wusste, es kommt etwas Neues. Es kommt immer etwas Neues im Projektbereich. Ich habe in fast allen bundesdeutschen Städten Bekannte sitzen, die sich für mich umgehört haben. So habe ich von einer Ausschreibung bei der Charité erfahren ... Ein Projekt, das gar nicht so recht in meinen Bereich passt, aber die wollen mich trotzdem unbedingt haben und ich bin mir sicher, dass ich auch diese Aufgabe gut löse.

Sabina, 43 Jahre

Von anderen initiierte neue Projekte, für die Projektmitarbeiter gesucht werden, sprechen sich in der Regel innerhalb einer Branche schnell herum. Sie hören davon, lesen davon – weniger in der Tages- als vielmehr in der Fachzeitung. Stelleninserate stehen meist nicht bei Jobpilot & Co., sondern auf einer branchenspezifischen Seite. Behörden müssen Projekte ausschreiben, ebenso sind viele größere Firmen von Betriebsratsseite dazu verpflichtet. Halten Sie also die Augen auf, bitten Sie Kontaktpersonen, dieses ebenfalls zu tun, und bitten Sie diese, Sie zu informieren, sobald sie etwas hören ...

Im behördlichen Bereich wird dabei fast immer eine ganz normale, klassische Bewerbung gefragt und gefordert sein. Diese ist der eigentlichen Personalentscheidung jedoch oft nachgelagert und hat mehr oder weniger formellen Charakter.

Projektarbeit selbst initiieren

Engagierte Menschen, die Konzepte für neue Projekte entwickeln und damit an die Firmen herantreten, sind immer gern gesehen – umso mehr, wenn die Ideen und Konzepte gut sind. Ob es um die Entwicklung eines neuen Zeitschriftenformats oder um die Vermarktung eines frisch gepressten Orangensafts in Tüten geht – Ideen liegen manchmal einfach in der Luft. Es muss sich nur jemand finden, der sie umsetzt.

Das Unternehmen, dem Sie das Projekt anbieten, muss einen sichtbaren und spürbaren Vorteil aus Ihrem Projekt ziehen. Die Hürden und Realisierungskosten dürfen nicht zu hoch sein und das Gewinnversprechen auf der anderen Seite muss realistisch sein und natürlich reizvoll genug, um ein Projekt auf die Beine zu stellen. Je nach Größe des Projekts empfiehlt es sich, in Teilschritten vorzugehen. Bringen Sie zunächst Ihre Idee auf Papier und skizzieren Sie die Vorteile der Realisierung für das Unternehmen. Rechnen Sie Investitionskosten aus und kalkulieren Sie Gewinne – zumindest grob. Gehen Sie mit dieser Idee auf den Verantwortlichen im Unternehmen zu und gewinnen Sie sein Interesse. In der Regel sollten Sie den Geschäftsführer ansprechen. Bieten Sie darüber hinaus an, einen konkreten Businessplan aufzustellen oder mit dem Unternehmen gemeinsam zu entwickeln.

Haben Sie Angst vor Ideenklau oder davor, dass »Ihr« Projekt mit jemand anders realisiert wird? Je mehr eigene Fachkompetenz Sie einbringen, desto unwahrscheinlicher ist dieser Fall – das Projekt kann nur mit Ihnen auf die Beine gestellt werden. Die Idee an sich lässt sich leider nicht schützen. Deshalb sollten Sie immer einen Trumpf im Ärmel haben, den Sie auch nicht herausgeben – sei es ein entscheidender Kontakt oder der Zugang zu bestimmten Informationen.

Ideen können Sie natürlich auch an Institutionen herantragen oder aber selbst umsetzen – beispielsweise mit Fördermitteln. Lesen Sie dazu die »Jobbuilder-Strategie« ab Seite 125.

(Fiktives) Praxisbeispiel 1: »Kids Hamburg«

Die Idee grob skizziert:
- Bei der Marktanalyse ist herausgekommen, dass es noch keine regionale Zeitung gibt, die sich speziell an Kinder zwischen 8 und 14 Jahren wendet.
- Das Magazin lässt sich gut durch Anzeigen regionaler Anbieter finanzieren, da die Zielgruppe ihre kaufkräftigen Eltern motivieren kann, bestimmte Investitionen zu tätigen. Es herrscht bereits ein hohes Markenbewusstsein.
- Das Konzept lässt sich im Franchisesystem auf beliebige Städte übertragen.

Die Realisierung:
- Die Initiatorin sucht sich Verlage aus, die einerseits Geld und andererseits Kenntnisse über den Vertrieb stellen können.
- Sie bietet an, das Projekt eigenverantwortlich zu realisieren.
- Dafür entwickelt sie einen kompletten Businessplan, in dem die interessierten Verlage sehen können, wie sich die Entwicklung auf dem Reißbrett gestaltet und welche Gewinnchancen sich ergeben.
- Im Vertrag lässt sich die Initiatorin zusichern, das Objekt verantwortlich zu leiten.

Praxisbeispiel 2: »Über 55 in den Arbeitsmarkt«

Die Idee:
- Derzeit fördern die EU, der Bund und die Länder vor allem Initiativen, die innovativ auf dem Arbeitsmarkt sind und die Arbeitslosigkeit senken können.
- Das Projekt richtet sich an über 55-Jährige und hat zum Ziel, diese in neue Festanstellungen zu vermitteln. Dies soll über Kooperationen mit Firmen geschehen, die sich das Logo »Ich setz' auf 55+« auf die Fahnen schreiben.

> **Die Realisierung:**
> ▶ Der Initiator der Projektidee schreibt ein Konzept.
> ▶ Er bietet das Konzept Institutionen an, die die »Manpower« besitzen, es zu realisieren.
> ▶ Er bringt sich sofort selbst als Projektleiter ins Spiel.
> ▶ Er bietet an, die finanzielle Förderung sicherzustellen und das Projekt in die Wege zu leiten.

Die Projektstrategie Schritt für Schritt

1. Prüfen Sie sich: Sind Sie geeignet für Projektarbeit?
2. Welche Projektideen fallen Ihnen ein?
3. Was müssen Sie tun, um die Ideen zu realisieren?
4. Wem – also welchen Unternehmen und welchen Personen in den Unternehmen – könnten Sie diese Projektideen anbieten?
5. Ermitteln Sie Kosten und Aufwand der Realisierung und den Nutzen für das Unternehmen.
6. Arbeiten Sie eine schriftliche Ideenskizze aus.
7. Wie gehen Sie bei Ihrem Angebot strategisch vor? Lesen Sie noch einmal die Angebotsstrategie – Projekt- und Angebotsstrategie harmonieren gut.
8. Bieten Sie Ihr Projekt ruhig auch mehreren Firmen an und bitten Sie um ein Gespräch. Legen Sie die Karten offen. Wenn mehrere Firmen sich für Ihr Projekt interessieren, macht allein das es attraktiv.
9. Verhandeln Sie über die Umsetzung, Ihr Anstellungsverhältnis und Möglichkeiten der Übernahme und Überführung des Projekts in die Praxis.

Die Schneeballstrategie

Motto: Ich löse eine Kettenreaktion aus

Was diese Strategie ausmacht

Ein Schneeball ist kalt und rüttelt die Menschen wach. Wer vom Schneeball getroffen wird, formt eigene Bälle, um Sie auf andere Menschen in der Umgebung zu werfen. Das genau ist das Prinzip der Schneeballstrategie.

Anstatt sich über Ihren beruflichen Veränderungswunsch auszuschweigen, hängen Sie diesen an die große Glocke. Sie informieren ganz bewusst ehemalige Chefs, Kollegen und Kommilitonen. Diese wiederum sollen Ihre Vita wie einen Kettenbrief an eigene Kontakte weiterreichen. Die Kontakte Ihrer Kontakte sind aufgefordert, dasselbe zu tun. So geht es mindestens bis hier weiter. Danach sinkt wahrscheinlich die Motivation, sich für Sie zu engagieren, deutlich ab – es sei denn, Sie lassen sich etwas Kreatives einfallen (etwa: Wer Sie zum Vorstellungsgespräch bringt, bekommt einen Flachbildschirm geschenkt).

In jedem Fall entsteht ein Schneeballeffekt. Diese Form der öffentlichen Suche, die eine gewisse Aufmerksamkeit erregt, ist dann ein geeignetes Mittel für Sie, wenn Sie arbeitslos sind oder die Kündigung schon offiziell ist.

Für wen sich diese Strategie eignet

Sind Sie frei, um einen Job zu suchen, und nicht an einen Arbeitgeber gebunden? Kennen Sie wichtige Personen aus früheren Tätigkeiten? Sind das Menschen, die inzwischen an entscheidenden Stellen sitzen und auch Einfluss auf die Personalauswahl haben? Sind Sie fachlich versiert und verfügen Sie über einige Jahre Berufserfahrung? Lässt sich Ihr beruflicher Wunsch prägnant auf den Punkt bringen? Sind Sie pfiffig und selbstbewusst und können Sie Menschen dazu bringen, bestimmte Dinge für Sie zu tun? Wenn alle diese Faktoren zusammenkommen, eignet sich diese Strategie bestens für Sie. Sie ist unabhängig von Berufen, beruflichen Vorbildungen oder Branchen.

Meine Erfahrung

Unsere komplette Marketingabteilung war aufgelöst worden, 50 Leute betroffen. Alle bewarben sich mehr oder weniger zeitgleich bei den wichtigen Unternehmen der Stadt. Mir war klar, dass ich da durch das Raster fallen würde, ich hatte auch von Kollegen gehört, dass die Absagen postwendend kamen ... Ich hatte mich dafür entschieden, über Kontakte zu gehen. So war ein ehemaliger Chef inzwischen in der Schweiz tätig, ein anderer in Berlin, und auch in Süddeutschland saß jemand in leitender Position, mit dem ich immer gut klargekommen war.

Ich habe die einfach alle angerufen. Meine Idee war, dass jeder meinen Lebenslauf bekommt und an möglichst viele relevante Personen aus dem eigenen Umfeld verteilt. Nach dem Gespräch habe ich die Vita als PDF per E-Mail rausgeschickt. Wenige Wochen später bekam ich die Einladung aus der Fachabteilung eines großen Konzerns. Dort hatte ich mich schon mal konventionell beworben und damals eine Absage erhalten. Dieser Konzern arbeitet normalerweise mit einem externen Dienstleister zusammen, der das gesamte Auswahlverfahren abwickelt. Ich bin einfach locker über diese Hürde gehüpft, weil mein Ex-Chef dem Chef des Marketingleiters der Kosmetikdivision meinen Lebenslauf gegeben hat. Den Job habe ich zwar nicht angenommen – irgendwie stimmte die Chemie mit meiner potenziellen Chefin nicht –, dafür aber einen anderen. Auch das ist über einen weitergeleiteten Lebenslauf zustande gekommen.

Markus, 37 Jahre

Welche Risiken diese Strategie birgt

Haben Sie einen Job? Natürlich besteht dann die Gefahr, dass Ihr Arbeitgeber von der Jobsuche erfährt und Sie schasst, unter Druck setzt oder benachteiligt. Man sollte das aber nicht überschätzen: Sie werden mit Ihrer Jobsuche ja nicht zum Stadtgespräch, und die Aufmerksamkeit, die Sie sich selbst schenken, billigen andere Ihnen nicht in dem gleichen Maße zu. Selbst wenn Sie im unmittelbaren Umfeld Ihrer Arbeitsstelle suchen, muss sich das nicht rumsprechen – es sei denn, Ihr Drang zur Veränderung birgt Klatschpotenzial. Aber selbst wenn etwas durchsickert: Sich nach Alternativen umzusehen ist Ihr gutes Recht und kann Sie sogar noch interessanter machen. Es bedeutet ja nicht unbedingt, dass Sie sich auch verändern werden.

Wie Sie den Schneeball ins Rollen bringen

Erstellen Sie eine Liste mit den Namen der für Sie wichtigen Personen. Wer sitzt in Unternehmen und ist in der Lage, nicht nur Ihren Lebenslauf weiterzureichen, sondern auch ein paar warme Worte über Sie zu sagen? Wer hat ein großes Netzwerk und kennt seinerseits viele weitere Entscheider? Geben Sie diesen Personen – selbstverständlich nach einem persönlichen Gespräch – einen Lebenslauf in die Hand. Arbeiten Sie darin klar und deutlich Ihre Vorteile und Ihr berufliches Ziel heraus. Überzeugen Sie Ihre Kontaktpersonen, die Vita an weitere Personen aus dem eigenen Kreis weiterzureichen – auch dem sollte ein persönliches Gespräch vorausgehen.

Es ist ein einfaches Rechenbeispiel: Wenn Sie zehn Kontakte mit einer Vita ausstatten und jeder von ihnen kennt seinerseits wiederum zehn Menschen, die zehn Menschen kennen, die in ganz unterschiedlichen Firmen arbeiten, erreichen Sie in kürzester Zeit mehr als 1.000 Personen, die bereit sind, sich für Sie einzusetzen (siehe auch Netzwerkstrategie, S. 159 ff.). Mit Sicherheit gibt es bei einer solchen breiten Streuung schon bald Resonanz. Aber auch wenn Sie es nicht ganz so weit bringen: Auch im kleineren Rahmen kann die Schneeballstrategie wunderbar funktionieren.

Sie sind misstrauisch und fragen sich, warum wildfremde Menschen Ihre Vita verteilen sollten? Ganz einfach: weil sie ihrer Kontaktperson einen Gefallen tun wollen. Es ist ein Irrglaube, dass jeder Gefallen auf Gegenseitigkeit beruhen muss. Und es ist doch selbstverständlich, dass Ihre Bereitschaft zu schneller unbürokratischer Hilfe ebenso da wäre, wenn sich einmal der umgekehrte Fall ergeben würde, oder etwa nicht? Geben und nehmen gehört dazu, zum Netzwerken genauso wie zum Schneeballwerfen

Um die Bereitschaft zu so aktiver Mitarbeit zu erzeugen, müssen Sie Ihren Kontakten sympathisch sein. Sie müssen gemocht werden und auf der anderen Seite muss der echte Wille und Wunsch bestehen, Ihnen zu helfen. Identifizieren Sie die »Schläfer«, die nur aktiv werden, wenn man sie tritt und kontrolliert.

Meine Erfahrung

Kürzlich war ich bei einem Volkshochschulkurs über Qualitätsmanagement. Der Dozent hat uns erzählt, wie er das Qualitätsmanagement in seiner Firma, in der er angestellt ist, aufgebaut hat. Mir hat die Firmenphilosophie gefallen und die Arbeitsschwerpunkte waren interessant. Ich habe den Dozenten gefragt und er hat mir angeboten, meinen Lebenslauf an verschiedene Entscheider weiterzuleiten. Ob jetzt ein Job daraus wird, weiß ich nicht, aber der Kontakt kam ganz informell zustande.

Ellen, Ingenieurin

Wie der Schneeball nicht schmilzt

Ja, ja, mache ich schon ... viele vermeintliche Helfer wollen eigentlich gar nicht wirklich aktiv werden. Zu groß ist die Hemmung davor, Menschen anzusprechen und um etwas zu bitten – auch wenn es keinen rationalen Grund gibt, hier zurückhaltend zu sein.

Treffen Sie keine lockeren Vereinbarungen, sondern feste Verabredungen. Dazu gehört, dass Sie sich vorher mit Ihrer Kontaktperson zusammensetzen und gemeinsam die Personen ermitteln, die die Information über Ihre Jobsuche erhalten sollen. Was soll Ihr »Schneeball« über Sie sagen? Erarbeiten Sie drei bis vier zentrale Aussagen, die Ihre Vorzüge charakterisieren. Da davon auszugehen ist, dass Ihr Gesprächspartner nur ihm bekannte Personen anspricht, können diese Aussagen ruhig etwas pathetischer sein.

Beispiele:

- »Frau Juli kenne ich noch aus meiner Zeit bei Beiersdorf. Sie war eine klasse Sekretärin, die beste die je da war. Kompetent, zuverlässig und konnte auch mal schweigen. Sprachlich ist sie ein Ass, kann neben Englisch und Französisch auch Japanisch.«
- »Schau dir doch mal diesen Lebenslauf an. Den kannst du wirklich auf verschiedene Positionen einsetzen, ein Generalist in der IT. Bei Demes hat er den kompletten First-Level-Support gewuppt. Eignet sich aber auch als Netzwerkadministrator.«

Vereinbaren Sie einen Termin, an dem Sie über die Reaktionen sprechen. Haken Sie regelmäßig höflich nach. Instruieren Sie Ihren Gesprächspartner, seine eigenen Kontakte ebenso »intensiv« zu bearbeiten. Nur mit System wird Ihre Aktion erfolgreich sein.

Ein Dankeschön gehört selbstredend dazu. Freundliche Worte reichen jedoch aus. Kommt ein Gespräch zustande, können Sie sich mit viel Feingefühl auch auf andere Weise bedanken, etwa mit einer guten Flasche Wein oder indem Sie Ihren Fürsprecher zum Essen einladen.

Lebenslauf zum Weitergeben

Packen Sie keine dicken Mappen zusammen. Für die erste Information reicht fast immer ein Lebenslauf. Da dieser sehr häufig auch per E-Mail – durch die Funktion »Forwarden« (Weiterleiten), das beste Schneeballwurfsystem überhaupt – weitergegeben wird, sollte es möglichst ein PDF sein. Gestalten Sie Ihren Lebenslauf dabei so aussagekräftig wie möglich. Der Leser muss wissen, was Sie tun können und in welchen Bereichen Sie kompetent sind.

Fragen Sie sich zunächst, welches Ihr berufliches Ziel ist. Je klarer dieses definiert wird, desto einfacher ist die Jobsuche. Beim Schneeballsystem sollte Offenheit für Positionen signalisiert werden. Beispiel: Sie würden nicht nur als Netzwerkadministrator, sondern gerne auch im Support arbeiten. Legen Sie bei technischen Qualifikationen eine Übersicht bei, aus der Ihre Kenntnisse abzulesen sind. Diese sollte auch eine Einschätzung des Niveaus (Einsteiger, Experte, Profi) enthalten und außerdem die Tiefe der Erfahrung beschreiben (wie lange hatten Sie mit der entsprechenden Technik zu tun?).

Fassen Sie Ihre Kompetenzen auf einer Deckblattseite oder oben auf dem Lebenslauf prägnant zusammen. Der Leser soll sofort sehen können, ob Sie Bauingenieur oder PR-Spezialist sind und welche besonderen Erfahrungen und Kenntnisse Sie in Ihrem Fach erworben haben.

Füllen Sie die einzelnen Stationen Ihres Werdegangs mit Tätigkeitsbeschreibungen auf. Da Berufs- oder Funktionsbezeichnungen über die inhaltliche Ausgestaltung Ihres Jobs wenig aussagen, ist dies unbedingt notwendig, auch wenn Ihr Lebenslauf dadurch drei Seiten lang wird.

Unverbindliche Gespräche anbieten

Vorstellungsgespräche sind das eine. Aber warum bieten Sie nicht einfach einmal ein persönliches Gespräch an, das nur dem Kennenlernen dient und Ihrem Gegenüber die Gelegenheit bietet, sich einen Eindruck zu verschaffen? Packen Sie in jeden Schneeball das Angebot, für ein persönliches Treffen jederzeit bereit zu sein.

Das Gespräch findet ohne direktes Ziel und Hintergedanken statt. Schließlich wollen Sie auch mit Personen ins Gespräch kommen, die aktuell keine Stelle besetzen können. Bedarf ergibt sich oft unerwartet und plötzlich. Und wer einen persönlichen Eindruck von Ihnen hat, wird sich viel leichter an Sie erinnern, wenn die personelle Lücke erst mal da ist und gefüllt werden will.

Wann diese Strategie wirkt

»Der kommt uns wie gerufen. Gestern hat XY gekündigt.« So einen Glücksfall wird sicher der eine oder andere erleben; er ist aber die Ausnahme. Schneeballsysteme zeitigen selten unmittelbare Wirkung, sondern wirken langsam, oft über Wochen und Monate. Das liegt daran, dass der Bedarf meist später entsteht. Aber irgendwann wird sich einer an Sie erinnern. Sprechen Sie immer wieder mit Ihren Kontakten und bitten Sie diese, das ihrerseits auch zu tun.

Die Schneeballstrategie Schritt für Schritt

1. Identifizieren Sie fünf bis zehn Personen, denen Sie Ihren Lebenslauf weiterleiten können.
2. Sprechen Sie mit diesen Personen über Ihr Vorhaben. Besprechen Sie genau, an wen sie die Vita weiterleiten können und wie sie diese Person instruieren.
3. Vereinbaren Sie mit Ihren Kontaktpersonen verbindlich, wann Sie nachhaken dürfen.
4. Erfragen Sie auch statt eines Vorstellungsgesprächs einen unverbindlichen Termin zum Kennenlernen.

Seniorenstrategie

Motto: Ich schaff noch was!

Was diese Strategie ausmacht

Regen Sie sich nicht über den Namen dieser Strategie auf. Ich finde nicht, dass Menschen über 50 oder 55 schon als Senioren bezeichnet werden sollten. Sie haben schließlich noch 15 Jahre Berufsleben und die besten Jahre vor sich. Und ich habe manch »Alten« erlebt, der auch mit 67 noch gerne arbeitet – oder gerne arbeiten würde. Ich habe diese Strategie – die genau genommen ein Sammelbecken von Anti-Ageing-Maßnahmen für den Arbeitsmarkt ist – trotzdem provokant »Seniorenstrategie« genannt. Einfach, weil Menschen mit ein paar Jährchen mehr oft zum alten Eisen gezählt werden – interessanterweise nicht selten von Personalverantwortlichen, die selbst keine 17 mehr sind …

Was diese Strategie ausmacht? Es ist die Entscheidung, etwas zu tun, auch wenn sich alle Welt dagegen stellt. Hören Sie auf, sich auf Stelleninserate zu bewerben – es sei dort wird explizit »gerne älter« gesucht – und tun Sie etwas! Steigen Sie in einen Bereich quer ein (ohne Bewerbung), in dem auch andere ältere Menschen arbeiten. Akquirieren Sie Projekte (siehe auch Projektstrategie). Seien Sie kreativ (siehe auch Kreativstrategie). Und wenn alle Stricke reißen: Stellen Sie selbst etwas auf die Beine und gründen Sie ein Unternehmen. Ehemalige Manager eignen sich zudem auch gut als Interimsmanager, die derzeit beispielsweise in Osteuropa gesucht sind.

Verschiedene Möglichkeiten, die auch für ältere Arbeitnehmer attraktiv sind, werden in diesem Kapitel vorgestellt.

Für wen sich diese Strategien eignet

Wer die in seiner Branche gültige Altersgrenze überschritten hat, kann diese Strategie nutzen. Einige Beispiele, wann das Seniorendasein anfängt:

- ▶ Werbebranche: Frauen ab 35, Männer ab 39 – es sei denn, sie haben Karriere gemacht und die fängt frühestens beim Kreativ-Direktor an
- ▶ IT-Branche: ab 35 (Programmierer), alle anderen ab 45
- ▶ Marketing: spätestens ab 40, es sei denn, Sie sind mindestens Marketingleiter geworden
- ▶ Sonstiges: In der Regel liegt die magische Auswahlgrenze bei 45, 50 und maximal 55 Jahren.

Ins Ausland gehen

250 Bewerbungen und auch initiativ alles versucht? Auf die demographische Wende im Jahr 2010 können Sie nicht warten, denn bis dahin sehen Sie wirklich »alt« aus. Wenn es wirklich keine andere Alternative gibt und auch die anderen in diesem Buch beschriebenen Strategien nicht gegriffen haben: Denken Sie darüber nach, Deutschland den Rücken zu kehren. In anderen Ländern ist der Jugendkult weniger ausgeprägt als bei uns. Lesen Sie dazu bitte das Kapitel »Auslandsstrategie«.

Meine Erfahrung

Ich komme aus der Nähe von Berlin und kann mit Sicherheit sagen, dass in unserer Umgebung keine Arbeitsstelle für mich frei ist – obwohl ich als Krankenschwester, Bürokraft und Sachbearbeiterin vielseitig einsetzbar bin. Ich bin auch persönlich vorbeigegangen, das hat alles nichts geholfen. Eine 48-Jährige wollte keiner mehr, die haben immer die jungen Mädels bevorzugt, wenn dann doch mal was frei geworden ist. Irgendwann reichte es mir und ich bin in die Schweiz gegangen. Ich habe meine Koffer gepackt und habe einen Monat lang sämtliche Firmen und Krankenhäuser abgeklappert. Damit war ich letztendlich erfolgreich und arbeite jetzt seit sechs Monaten in den Niederlanden.

Marion, Krankenschwester und Bürokraft, 48 Jahre

Ein Unternehmen gründen

Sie haben doch alles erreicht, verfügen über ein umfangreiches Wissen und können viel leisten. Warum jetzt nicht noch einmal ein Unternehmen gründen?

Gründungen können auch noch im höheren Alter erfolgreich sein, solange Sie gesund sind und ein finanzielles Polster haben, um die erste Zeit zu überbrücken. Selbstverständlich ist auch freie Projektarbeit (siehe Projektstrategie) eine Alternative. Nicht wenige »ältere« Mitarbeiter halten sich die letzten Berufsjahre mit befristeten Aufträgen über Wasser.

Zunächst sollten Sie sich einige Fragen beantworten.

- Was kann ich noch tun und aufbauen?
- Welche Idee wollte ich schon immer realisieren?
- Was muss ich tun, um meine Vorstellungen umzusetzen?
- Wie viel Geld brauche ich dafür?
- Wie viel Geld kann ich verdienen?
- Reichen meine Ersparnisse?
- Habe ich die Kraft?
- Kann meine Idee am Markt bestehen?
- Kann ich meine Idee gut verkaufen?
- Habe ich Lust, noch einmal anzupacken und etwas aufzubauen?

Mit 62 heben Sie kein großes Möbelhaus mehr aus der Taufe – allein schon deshalb, weil Ihnen Banken kaum noch Kredite geben werden. Aber vielleicht kommt eine kleine, bescheidene Existenz – etwa ein Antiquitätenhandel – für Sie in Frage? Erwägen Sie diesen Schritt nicht nur aus finanziellen Gründen, sondern denken Sie auch an sich und an das, was Sie ausfüllt. Wie stellen Sie sich den nächsten Lebensabschnitt vor? Ist dort Raum und Platz für eine Existenz?

Beratend tätig werden

Können Sie sich einen 25 Jahre alten Berater vorstellen? Wahrscheinlich nicht. Beratung ist ein Bereich, der Alter und Erfahrung geradezu fordert. Ähnliches gilt für Training und Lehrtätigkeiten. Hier ist Alter ein Vorteil, kein Nachteil. Wenn es in Ihrem angestammten Job nicht mehr richtig klappt, ist es sicherlich eine Option, über einen Wechsel in die Beratung nachzudenken. In Frage kommen Unternehmensberatung, Karriereberatung oder Coaching. Gerade der Bereich der Unternehmensberatung ist vielseitig. Als ehemaliger Leiter Forschung und Entwicklung können Sie Ihr Wissen an andere Forschungsabteilungen in anderen Regionen und Ländern weitergeben. Als Ingenieur, der für Umwelt- und Arbeitsschutz zuständig war, können Sie kleinere Unternehmen hinsichtlich der gesetzlichen Anforderungen beraten.

Die Möglichkeiten sind sehr breit gefächert. Spezialisieren Sie sich aber immer auf die Bereiche, die Sie aus Ihrer beruflichen Praxis kennen und deshalb auch als Berater glaubwürdig vertreten können. Als Berater sind Sie freiberuflich oder mit Gewerbeschein tätig. Rahmenverträge – beispielsweise mit Ihrem ehemaligen Arbeitgeber – sind üblich und sichern Ihnen ein bestimmtes Auftragsvolumen zu.

Als Lehrer arbeiten

Auch Lehrtätigkeiten sind eine gute Alters-Alternative – etwa in der Erwachsenenbildung. An Schulen zählt die gute Mischung aus alten und jungen Lehrern. Haben Sie ein Studium absolviert, so bietet sich Ihnen in einigen Bundesländern – beispielsweise in Nordrhein-Westfalen – die Möglichkeit, sich auf ein Lehramt zu bewerben. Quereinsteiger sind in bestimmten Fächern gesucht.

Meine Erfahrung

Jahrzehnte habe ich als Journalist gearbeitet. Um 2001/2002 wurde der Markt dann plötzlich schwieriger, die Preise verfielen – und ich hatte auch keine Lust mehr, mich da durchzukämpfen. Also habe ich mich auf meine Wurzeln berufen und die liegen in der Lehrtätigkeit: Ich habe in Wien auf Lehramt studiert, aber kein Volontariat absolviert. Ich habe dann mit 52 Jahren erst ein Praktikum und dann mein Referendariat an einer Sonderschule nachgemacht. Inzwischen arbeite ich auf einer Zweidrittelstelle und bin sehr glücklich damit. Die Arbeit mit den Kindern bringt mir viel ... und meinen früheren Job vermisse ich kein bisschen.

Roland, 55 Jahre

Adressen für weitere Infos:

- Lehrer Online (*www.lehrer-online.de*):
  Infos über den Quereinstieg in den einzelnen Bundesländern
- Bildungsportal NRW (*www.bildungsportal.nrw.de*).
  Infos über das Bewerbungsverfahren für Quereinsteiger:
  www.bildungsportal.nrw.de/BP/LEO/Hinweise/text14.html
- Quereinsteiger NRW (*www.quereinsteiger-nrw.de*)

Umsatteln als Chance

Im Alter noch etwas lernen? Warum eigentlich nicht? Nicht nur die Beispiele Berater und Lehrer zeigen, dass eine späte Neuorientierung Chancen birgt. Auch fachlich (bislang) fremde Bereiche lassen sich spät erlernen. So satteln nicht wenige Menschen mit 40+ auf ganz andere Berufe um – oft sind dies Tätigkeiten, die viel mit Menschen zu tun haben. Unter Heilpraktikern finden sich beispielsweise ehemalige Mathematiker, Lehrer (der umgekehrte Weg!) und sogar Handwerker. Auch Physiotherapeut, Ergotherapeut, Psychologischer Berater, Gestalttherapeut und so weiter sind typischerweise Berufe für »spätere Jahre«.

Voraussetzung ist anders als in rein beratenden und lehrenden Tätigkeiten eine einschlägige Weiterbildung oder Ausbildung, die privat finanziert werden muss, da die deutsche Arbeitsagentur – zumindest derzeit – kaum längere Weiterbildungen finanziert.

Voraussetzung ist aber auch der Wille, in diesem Berufsfeld erfolgreich zu sein, denn Heilpraktiker und Therapeuten gibt es viele. Sie müssen Ihren eigenen Markt erobern und mitunter einige Jahre ganz ohne oder mit sehr wenig Einkommen überbrücken. Ideal ist deshalb, wenn Sie eine solche Weiterbildung vorausschauend und berufsbegleitend beginnen können.

- Paracelsus-Schulen (*www.paracelcus.de*): Ausbildungen zum Heilpraktiker & Co.
- Gestalttherapie-Ausbildung Köln (*www.gestalt.de*)
- Therapie.de (*www.therapie.de*), Infos zu therapeutischen Verfahren
- Deutscher Verband der Ergotherapeuten (*www.ergotherapie-dve.de*)

Meine Erfahrung

Fast 20 Jahre habe ich für einen Verlag gearbeitet, dann wurden ältere Mitarbeiter sukzessive rausgemobbt. Ich habe lange gebraucht, mich für einen neuen Weg zu entscheiden, und bin bei der Ergotherapie gelandet. Drei Jahre habe ich vom Ersparten und den Einkünften meines Partners gelebt und neu gelernt. Aber es hat sich gelohnt – jetzt habe ich einen Teilzeitjob in einem Gesundheitszentrum und arbeite nebenbei auch noch selbständig als Ergotherapeutin. Reich macht das nicht, aber die Befriedigung ist durch das unmittelbare Feedback meiner Patienten größer. Es war eine gute Entscheidung.

Monika, 56 Jahre

Eine Beteiligung erwerben

Ein neues Möbelhaus gründen Sie wohl nicht mehr – aber was ist mit einer Beteiligung? Wenn Sie ein wenig Kapital angesammelt haben, können Sie es in eine sinnvolle Unternehmensbeteiligung stecken. Diese sollten Sie natürlich ganz genau prüfen und sich Gutachten über die Rentabilität erstellen lassen (sofern die GmbH schon länger besteht). Aber vielleicht ist es ja auch eine gute Idee, Gesellschafter einer Agentur oder eines Unternehmens zu werden? Dabei müssen Sie nicht »still« bleiben, sondern können durchaus auch eine Beteiligungsform wählen, die Sie als Entscheider und aktiver Mitgestalter fordert. Angebote finden Sie in einschlägigen Branchenzeitschriften wie *W&V* für die Werbebranche, aber auch in der Tageszeitung unter der Rubrik »Geschäftsbeziehungen/Kontakte«. Nicht zuletzt lohnt ein Klick ins Internet, z. B. auf *www.change-online.de*.

Als Interimsmanager arbeiten

Diese Variante kommt nur für erfahrene Manager in Frage. Es kann für Sie eine hohe Befriedigung bedeuten, am Ende des Berufslebens noch einmal gefordert zu werden. Interimsmanager arbeiten dabei zeitweise in den Unternehmen, übernehmen Geschäfte in Übergangsphasen oder bei Umbrüchen. Sie bauen Filialen auf, suchen Personal, schieben an. Das ist auch eine gute Gelegenheit, sich zu bewähren und möglicherweise dauerhaft für das Unternehmen tätig zu werden.

Die Arbeitsagentur sowie private Vermittler bringen solche Interimsmanager in Unternehmen. Dabei geht es um ganz unterschiedliche Größenordnungen und auch Inhalte: Interimsmanager für den Mittelstand brauchen schließlich einen anderen Erfahrungshintergrund als Interimsmanager für Konzerne. Entscheidend ist, dass Sie Ihre Erfahrung einbringen können.

Adressen

- Die Arbeitsagentur vermittelt auch ältere Führungskräfte (*www.arbeitsagentur.de*): ZAV in die Suchmaschine eingeben.
- Managementangels (*www.managementangels.com*)
- Heidrick & Strugglese (*www.heidrick.de*)
- Zeitmanager München (*www.zmm.de*)
- Interim Management (*www.interim-management.de*)

Schriftliche Unterlagen für Senioren

Für die meisten der hier vorgestellten Teilstrategien brauchen Sie lediglich einen Lebenslauf. Für die Jobsuche im Ausland sollte dieser international sein, also nach angloamerikanischem Muster rückwärts chronologisch und mit dem Fokus auf Funktionen anstatt auf Daten. Sie müssen bei allen schriftlichen Unterlagen entscheiden, ob und wie genau Sie Ihr Alter nennen. »Schreiben Sie doch nicht, wie alt Sie sind. Löschen Sie Ihr Geburtsjahr und dann gehen wir gemeinsam zum Chef« – so lautet ein typischer Vorschlag von privaten Arbeitsvermittlern. Das hört sich ganz furchtbar an, ist aber (leider) oft erfolgreich, vor allem im niedriger qualifizierten und gewerblichen Bereich. Arbeitgeber lassen sich blenden, und mitunter ist es tatsächlich eine gute Maßnahme, sein Alter bewusst zurückzuhalten, um es erst bei der persönlichen Begegnung zu nennen.

Selbstverständlich sollten Sie dafür aber keine Unterlagen fälschen. Gehen Sie beispielsweise mit einem unkonventionellen funktionalen Lebenslauf ins Rennen, der nur Ihre Erfahrungen aufführt, nicht jedoch die genauen Daten. Oder lassen Sie in einem klassischen Lebenslauf das Geburtsdatum einfach weg. Aus der aufgelisteten Erfahrung ergibt sich ohnehin, dass Sie kein Jungspunt mehr sind. Der Vorteil: Sie konfrontieren Ihr Gegenüber damit nicht schwarz auf weiß, sondern lassen eine bestimmte Spanne offen (»aha, der könnte zwischen 50 und 55 sein«). Diese Strategie funktioniert bei kleineren Unternehmen mit nicht ganz so professioneller Personalauswahl sicher besser als bei Konzernen.

Beispiel

Meine beruflichen Erfahrungen im Überblick

E-Commerce
- Aufbau eines Online-Shops für Kosmetikartikel für Avon
- Vermarktung von Restposten über den Marktplatz Ebay
- Suchmaschinen-Promotion für Otoh

(1995 bis 2005)

Portale
- Installation eines Content-Management-Systems für die Firma Schneider GmbH
- Aufbau und Konzeption eines Portals für Klöckner AG

(2000 bis 2003)

Sie haben ein mulmiges Gefühl dabei, Sie wollen sich nicht für Ihr Alter schämen? Dann stehen Sie, das ist die andere genauso gute Möglichkeit, zu Ihren Jahren und gehen Sie kreativ damit um, aber ohne auf die Tränendrüse zu drücken und eine Runde Mitleid zu ernten. Das ist nach vielen Frusterlebnissen, die manchmal auch Bitterkeit erzeugen, sicher nicht einfach, aber der einzige Weg. Auch ein leicht zwinkerndes Kokettieren mit dem Alter kann charmant sein: »Ich bin 58 Jahre, fühle mich wie 40 und bringe ganz schön viel Erfahrung in Ihr junges Team.«

Die Zielgruppenkurzbewerbung – das ist ein Brief, der an einen Entscheider geht – haben Sie in diesem Buch bereits kennen gelernt. Diese Form der BOB-Bewerbung eignet sich besonders gut für ältere Jobsuchende mit sehr viel Branchen- und Experten-Erfahrung. Schreiben Sie Ihren Brief direkt an den Geschäftsführer und nennen Sie Ihre Erfahrung, nicht Ihr Alter. Ansonsten gehen Sie vor wie auf Seite 107 beschrieben.

Die Seniorenstrategie Schritt für Schritt

1. Entscheiden Sie sich für einen Senioren-Weg aus dem hier vorgestellten Angebot, der Ihnen sympathisch und plausibel erscheint.
2. Verschaffen Sie sich weitere Informationen und recherchieren Sie im Internet.
3. Erstellen Sie einen strategischen Plan, wie Sie vorgehen möchten. Dazu gehört eine Übersicht der nächsten Schritte inklusive »Timeline«.
4. Machen Sie sich auch genaue Zeitangaben, bis wann welcher Schritt erreicht sein soll.
5. Begeben Sie sich an die Umsetzung!

Die Auslandsstrategie

Motto: Ich hau ab

Was diese Strategie ausmacht

Sind auch Sie reif fürs Ausland? Deutschland jammert – obwohl es manchmal sicher zu sehr im Tal der Tränen versinkt. Was also liegt näher, als dem Jammertal den Rücken zu kehren?

In manchen Jobs ist es hierzulande tatsächlich ausgesprochen schwer und nicht selten nahezu unmöglich, eine Stelle zu finden. Das liegt an bestimmten (veralteten) Berufen, nicht mehr gefragten Qualifikationen und Branchen. Hinzu kommt der in Deutschland sehr ausgeprägte Jugendkult. Wer über 45 ist, gilt oft als so gut wie nicht mehr vermittelbar. Also ab in ein Nachbarland, das es mit dem Alter nicht so genau nimmt?

Der Weg ins Ausland ist oft mehr als ein Aus-Weg – oft sogar die Erfüllung eines Traums. London, Paris, Barcelona, Amsterdam: Solche Städte reizen auch Menschen, die hierzulande durchaus Chancen hätten. Und wäre es nicht wundervoll, unter südlicher Sonne Geschäfte zu machen? Auch Nicht-EU-Länder wie die Schweiz ziehen Deutsche magisch an.

Wohin auch immer Sie gehen möchten: Sie müssen bereit sein, der Heimat den Rücken zu kehren – für eine begrenzte Zeit, etwa als Contractor (Projektmitarbeiter auf Zeit und Honorarbasis), für einige Jahre oder sogar für immer ... Auch das Grenzgehen ist eine Möglichkeit. Es bietet sich an, wenn Sie nahe an einer Grenze leben, beispielsweise zu den Niederlanden, der Schweiz, Luxemburg oder Frankreich. Und es bedeutet: Sie leben in Deutschland und arbeiten im Ausland.

Meine Erfahrung

Ich bin aus dem Osten. Mein Mann hatte in Sachsen eine Baufirma, die Mitte der 90er Pleite ging. Seitdem war ich mit kurzen Unterbrechungen arbeitslos. Eine 45-jährige Bürokraft ist bei uns kaum vermittelbar, vor allem wenn sie kein Englisch spricht. Irgendwann habe ich mir überlegt, die Sache selbst in die Hand zu nehmen und in die Schweiz zu fahren. Ich hatte gehört, dass es dort noch mehr Arbeit gibt. Ich wusste, es macht keinen Sinn, Mappen zu verschicken. Da habe ich schon Hunderte zurückbekommen. Ich habe mich bei einer Freundin einquartiert und bin wochenlang von einem Arbeitgeber zum anderen gefahren. Irgendwann – nach 40 oder 50 Versuchen – hat es geklappt und heute arbeite ich als Sekretärin in einer mittelständischen Werbefirma.

Marina, 47 Jahre

Für wen sich diese Strategie eignet

Jeder kann ins Ausland gehen, und seit dem Wegfall der Grenzen gibt es zumindest innerhalb der europäischen Union kaum noch Beschränkungen. Dennoch ist die Auswahl des Landes nicht gleichgültig. Es bietet sich an, in ein Land zu gehen, das man bereits kennt oder dessen Sprache man spricht. Ohne Sprachkenntnisse macht der Auslandsaufenthalt wenig Spaß, auch wenn Dänisch oder Schwedisch sehr einfach scheinen und dem Deutschen ähnlich sind.

Zwar trifft die Regel »Vor Ort lernt es sich am schnellsten« durchaus zu, doch wird kein französischer Arbeitgeber einen lediglich Deutsch sprechenden Handwerker einstellen. Sie sollten also bei jobbedingten Auswanderungsplänen die Landessprache beherrschen und zusätzlich Englisch. Im Ingenieurswesen oder der IT reicht Englisch manchmal auch aus. Das gilt vor allem dann, wenn Sie für internationale Unternehmen arbeiten, in denen Englisch ohnehin die Haussprache ist.

Persönliche Qualifikationen entscheiden

Über die Sprachkenntnisse hinaus ist eine im Ausland gefragte Qualifikation, Ausbildung und Berufserfahrung wichtig. Welche das ist – da gibt es große Unterschiede. So sind Psychologen in Schweden derzeit wenig gefragt, dafür aber Kaufleute. IT-Fachkräfte werden sowohl in Irland als auch in Großbritannien gesucht und dürfen durchaus einmal den 45. Geburtstag überschritten haben. In Norwegen herrscht generell ein Mangel an Fachkräften, sodass dort Akademiker und Fachkräfte allgemein gute Chancen haben. Die Schweiz ist immer auf der Suche nach medizinischem Personal. Bei den Eidgenossen werden beispielsweise Krankenschwestern deutlich besser honoriert als hierzulande.

Welche Qualifikationen in den jeweiligen Ländern gefragt sind, ändert sich wie bei uns sehr schnell. Informieren Sie sich deshalb möglichst bei Menschen in den Ländern, die Sie interessieren, denn gängige Publikationen sind häufig nicht auf dem aktuellsten Stand. Hinzu kommt, dass für jede Branche spezielle Aspekte eine Rolle spielen, die nur Insider kennen – auch in dem jeweiligen Land.

Über Arbeitsbedingungen informieren

Es ist schön zu wissen, dass Sie als IT-Spezialist auch mit 40+ in Großbritannien gute Chancen haben. Sie müssen jedoch auch wissen, dass Sie dort (mitunter deutlich) weniger verdienen. Gerade London ist hinsichtlich der

Lebenshaltungskosten und der Mieten sehr, sehr teuer – bei durchschnittlich niedrigeren Gehältern und Honoraren ist das ein wichtiger und beachtenswerter Fakt.

Auch die landestypischen Besonderheiten sind wichtig für Sie. Verschaffen Sie sich einen Einblick in die jeweilige Landeskultur und die in der Arbeitswelt geltenden Grundeinstellungen Ihnen als Arbeitnehmer gegenüber. Ein Probeaufenthalt vor dem endgültigen Kofferpacken ist vor allem dann sinnvoll, wenn Sie noch keinen Job haben, sondern erst vor Ort suchen möchten.

Meine Erfahrung

Als Kauffrau im Groß- und Außenhandel habe ich nach meiner Ausbildung viele Jahre in einer internationalen Firma in Frankfurt gearbeitet. Dann gab es Umstrukturierungen und ich nahm die Möglichkeit wahr, mit einer Abfindung in der Tasche die Koffer zu packen. Für mich war das eine Chance, die ich unbedingt nutzen wollte: Neuseeland, die USA und Schweden – das waren meine Traumländer, die ich schon immer gerne bereisen wollte. Ein Jahr Zeit wollte ich mir geben, um mich dann zu entscheiden, wo ich bleiben wollte. Ich begann meine Tour mit einem Praktikum in Stockholm bei einem Zulieferer meines alten Arbeitgebers. Die Stadt und das Land begeisterten mich. Innerhalb kurzer Zeit sprach ich Schwedisch. Dann zog ich weiter. Doch nach drei Monaten USA war ich wieder in Stockholm. Der Zulieferer bot mir einen Job an, den ich annahm. Auf Neuseeland konnte ich in dieser Situation gut verzichten. Schweden ist einfach toll, dort will ich bleiben. Ich kann mir fast immer frei nehmen, wann ich möchte, denn es ist in Schweden längst nicht so ungewöhnlich wie bei uns, unbezahlten Urlaub zu machen. Und die Flüge nach Deutschland mit einem Billiganbieter sind günstig, sodass ich mindestens einmal im Monat zurückkommen kann.

Aurica, 31 Jahre

Auswandern oder fremdjobben?

Wie lange wollen Sie fortgehen: für immer oder nur für ein paar Monate oder Jahre? Im Ausland arbeiten bedeutet noch lange nicht auswandern. Viele Berufstätige wollen bewusst nur für eine Übergangszeit in einem anderen Land bleiben und nicht gleich Haus und Hof in Deutschland verkaufen. Bedenken

Sie bei einer Abwesenheit von mehr als drei Jahren, dass diese die Job-Chancen in Deutschland eher verschlechtert. Das gilt vor allem, wenn Sie Ihre Auslandsjahre außerhalb Europas, beispielsweise in Entwicklungsländern, verbracht haben.

Aber vielleicht handeln Sie auch erst einmal nach der Devise: Abwarten, Tee trinken – und sehen, welcher Job auf Sie zukommt.

Hürden überwinden

Sie haben sich für das Land Ihrer Träume entschieden oder gleich für eine Auswahl von Ländern? Dann ran an die Formalitäten. Während die Einreise in EU-Länder einfach und unkompliziert ist, warten beispielsweise in den USA einige Hindernisse auf Sie. Ohne Visum und eine Einladung Ihres künftigen Arbeitgebers kommen Sie nicht einmal durch die Flughafensperren. Das am häufigsten benutzte Arbeitsvisum (H1-B-Visum) wird nur an Personen vergeben, die einen Universitätsabschluss oder eine vergleichbare Ausbildung nachweisen können. Eine Alternative ist die Greencard, die unter allen Interessenten ungeachtet ihrer Herkunft und beruflichen Qualifikation verlost wird. Damit könnte die Geschichte vom Tellerwäscher zum Millionär doch noch wahr werden, denn auch Nicht-Akademiker können Greencards erhalten.

In EU-Ländern können Sie in der Regel erst einmal drei Monate ohne Probleme bleiben und auch arbeiten. Danach benötigen Sie eine Aufenthaltsgenehmigung, die zunächst auf fünf Jahre befristet und unkompliziert zu beschaffen ist.

Optimale Vorbereitung

Wenn Sie hier keinen Job finden, sollten Sie keinesfalls überstürzt ins Ausland reisen. Bereiten Sie sich gut vor, indem Sie alles über das Land, die Stellung Ihres Berufes dort und die Arbeits- und Lebensbedingungen in Erfahrung bringen. Am besten wenden Sie sich an landeskundige Berater, wie Sie Ihnen die Arbeitsagentur-Initiative EURES zur Seite stellt. Hilfreich ist auch ein Klick in Landesforen. Und vor allem: das persönliche Gespräch mit Arbeitnehmern vor Ort. Dabei können Ihnen Deutsche, die im entsprechenden Land leben, oft besser helfen als Einheimische, da nur ihnen die Unterschiede zum Leben in Deutschland auffallen können. Auch Gespräche mit Menschen, die in Ihrer speziellen Branche arbeiten, sind empfehlenswert. Sie erhalten auf diese Weise Informationen aus erster Hand, die oft am verlässlichsten sind.

Schriftliche Unterlagen für die Auslandsbewerbung

Einen ordentlichen Lebenslauf brauchen Sie so gut wie überall, wobei die BOB-Strategien auch in anderen Ländern funktionieren. Mitunter kommen Sie allerdings nicht an staatlichen oder privaten Vermittlern vorbei, etwa in Großbritannien und Irland. Dort ist es zudem üblich, pro Bewerbung zwei Referenzen zu nennen. Da in anderen Ländern oft ein weniger starrer Kündigungsschutz herrscht, wird auch schneller eingestellt. Das ist die positive Seite des angloamerikanischen »Hire & Fire«.

Sich gegen einheimische Konkurrenz zu behaupten, ist in der Regel kein leichtes Spiel: Muttersprachler aus dem jeweiligen Land werden in der Regel vorgezogen, wenn es zwei Bewerber mit ähnlicher Qualifikation gibt. Suchen Sie deshalb gezielt nach Positionen mit wenig Konkurrenz oder bei deutschen Unternehmen in dem jeweiligen Land.

Prüfen Sie zudem, inwieweit Ihre Ausbildung und Ihr Studium im Land Ihrer Wahl anerkannt sind. Auch dabei helfen die schon erwähnten EURES-Berater. Übersetzen Sie Studiengänge im Lebenslauf, indem Sie Ihr Studium/Ihre Ausbildung mit landesüblichen vergleichen (»vergleichbar mit«, »versetzt in die Lage«, »bedeutet« …).

Meine Erfahrung

Ich wollte einfach raus. In Deutschland habe ich nach dem Studium nur anspruchslose Jobs gehabt, etwa im Callcenter. Egal, wo ich mich beworben habe, immer kam einer der Sprüche: »Sie haben zu wenig Praxiserfahrung« oder »Sie werden sich bei uns langweilen«, wenn es um Sekretariatsaufgaben ging.
In England ist das nicht so. Über Vermittler hatte ich schon am ersten Tag Vorstellungsgespräche und am dritten den passenden Job. Die Engländer sind da sehr unkompliziert. Die denken: »Wenn die sich dafür bewirbt, wird sie das schon wollen – nicht so dreimal um die Ecke wie die Deutschen.«
Sabine, Kommunikationswissenschaftlerin, 35 Jahre

Ausland für IT-Fachkräfte und Ingenieure

Gute Chancen für das Arbeiten im Ausland bieten nach wie vor der technische Bereich und die IT. Während Programmierer hierzulande schon mit 40 nur noch schwer Jobs bekommen, ist dies im angloamerikanischen Sprachraum leichter. Auch Ingenieure finden schnell Beschäftigung im Ausland. Oft geschieht das auf der Basis eines Contracts, eines freien Zeitvertrags. Sie sind dann nicht angestellt, sondern arbeiten für die Dauer des Projekts im Team (in Deutschland: IT-Freiberufler).

Beachten Sie dabei die Richtlinien für Scheinselbständigkeit in den jeweiligen Ländern. So haben sich in Frankreich und Großbritannien so genannte Umbrella Companies etabliert, die Freiberufler wie ein Regenschirm »abschirmen« und einen unternehmerischen Rahmen schaffen, sie offiziell anstellen und an Firmen »verleihen«.

Adressen für IT-Leute

- Infos über Umbrella Companies: *www.gulp.de/kb/mk/arbeitsmarkt/umbrella.html*
- Freiberufler-Vermittlung UK: *www.contractoruk.com*
- Allgemeine Infos + Job Search: *www.workingandliving.com*
- Umbrella Company bzw. Vermittler: *www.jobsite.co.uk/*
- Jobsuche UK: *www.cwjobs.co.uk*
- Jobsuche EU: *www.jobserve.com*
- Jobsuche Österreich: *www.myfreelancer.at*

Vor Ort oder schon zu Hause suchen?

Das hängt ein wenig von der Art des Jobs ab, den Sie suchen. Geht es Ihnen primär ums Arbeiten (oder auch: Jobben), dann kann der Sprung ins kalte Wasser gut sein. Niemand lädt Sie wegen eines weniger anspruchsvollen Jobs zum Vorstellungsgespräch in ein fremdes Land ein – auch nicht, wenn er dafür nichts zahlen muss.

Suchen Sie dagegen eine hochqualifizierte Position, sollten Sie zu Hause in Deutschland auf die Job-Pirsch gehen. Besuchen Sie am besten Jobbörsen im jeweiligen Land und schauen Sie in die meistgelesenen Tageszeitungen, etwa in die Zeitung *El Pais* in Spanien.

Welche Informationsquellen gibt es?

Für die »Auswanderung« in einen EU-Mitgliedstaat müssen Sie spätestens nach drei Monaten Aufenthalt eine Aufenthaltserlaubnis beantragen. Hilfestellung zur Jobsuche vor dem Umzug bietet das Arbeitsamt mit speziellen, landeskundigen EURES-Beratern und die Zentralstelle für Arbeitsvermittlung ZVA. Diese Beratung ist auch für Nicht-Arbeitslose kostenlos. Hinzu kommen weitere spezialisierte Agenturen. Als Experten für die Arbeitssuche in Skandinavien gelten etwa das Baltic-Training-Center (BTC) in Rostock und das Nordic Training and Job Center in Flensburg. Gute Adressen sind die Handelskammern in den jeweiligen Ländern. Die Deutsch-Dänische Handelskammer etwa informiert auf ihrer Homepage über die 500 größten Firmen und vermittelt Arbeitnehmer an die betreffenden Unternehmen. Als Selbständiger müssen Sie den »Oberen« glaubhaft machen, dass Sie die Tätigkeit erfolgreich ausführen können. Echte Freiberufler – wie in Deutschland beispielsweise Journalisten, Ärzte oder Steuerberater – gibt es in vielen Ländern nicht. Dort bedeutet Selbständigkeit meist die Gründung eines »richtigen« Unternehmens.

Auch nach Beendigung einer Arbeit, wenn Sie zum Beispiel das Rentenalter erreicht haben, dürfen Sie bleiben. Diese so genannten »Freizügigkeitsrechte« stehen nicht nur Arbeitnehmern zu, sondern auch ihren Familienangehörigen.

Übersicht: Welches Land eignet sich für mich?

EU (Auswahl)	Chancen	Arbeitsmarkt und Zugang
Dänemark	★★★★★	Weniger als 3 Prozent Arbeitslose – das ist fast Vollbeschäftigung.
Estland	★★★	10 Prozent Arbeitslose, aber starke Expansion im technologischen Bereich, geringe Lebenshaltungskosten.
Finnland	★	Niedrige Arbeitslosenzahlen, allerdings ist für Deutsche der Zugang aufgrund der Sprachkenntnisse erschwert. Die Arbeitsämter vermitteln über 70 Prozent der Stellen.
Frankreich	★	Frankreichs Arbeitsmarkt ist ähnlich desolat wie der deutsche (11 Prozent Arbeitslosenquote). Sogar viele unter 25-Jährige haben keinen Job.
Griechenland	★★★	Hohe Arbeitslosigkeit: 10 Prozent.
Irland	★★★★★	Gesunder Arbeitsmarkt mit etwas über 4 Prozent Arbeitslosen.
Italien	★★	Starkes Nord-Süd-Gefälle mit hoher Arbeitslosigkeit im Süden.
Niederlande	★★★★	Gesunder Arbeitsmarkt mit weniger als 5 Prozent Arbeitslosen.
Österreich	★★★	Besser als bei uns: ca. 6,5 Prozent Arbeitslose, gut sieht es in Oberösterreich aus.
Polen	★★★	Fast 14 Prozent Arbeitslose, allerdings viel Schwarzarbeit. Deutlich niedrigere Löhne – dafür kostet das Leben in Polen aber auch (noch) halb so viel wie bei uns.
Portugal	★★	Rund 7 Prozent Arbeitslose, derzeit geht die Wirtschaft eher bergab.
Schweden	★★★	Rund 7 Prozent Arbeitslose, einigermaßen gesunder Arbeitsmarkt.
Spanien	★★	Rund 11 Prozent Arbeitslose, schwieriger Jobmarkt.
UK	★★★★	Unter 5 Prozent Arbeitslose, Jobs fast nur über Arbeitsvermittler und oft schlecht bezahlt. IT-Contractors bekommen weniger als hierzulande.
Nicht-EU		
Norwegen	★★★★★	Sehr geringe Arbeitslosigkeit.
Schweiz	★★★	Relativ geringe Arbeitslosigkeit. Schweizer Arbeitgeber müssen nachweisen, dass sie Stellen nicht mit Schweizern besetzen können. Aufenthaltsgenehmigung notwendig, sonst EU-ähnliche Regelungen.
USA	★★★	Sie brauchen ein Visum für die Arbeitserlaubnis und müssen vom Arbeitgeber in die USA geholt werden. Alternative: Greencard, die verlost wird.

Die Auslandsstrategie

EU (Auswahl)	Wer ist gesucht?
Dänemark	Servicekräfte, Handwerker, Bauarbeiter und Ingenieure.
Estland	IT-Leute, Biotechnologie-Spezialisten.
Finnland	Fachkräfte verschiedenster Disziplinen.
Frankreich	Gute Handwerker, die Französisch sprechen.
Griechenland	Gute Chancen im Hotel- und Gaststätten- sowie im Tourismusbereich, in der Nahrungsmittelindustrie, im Baugewerbe und im Bereich Kfz-Reparatur; gesucht sind auch Führungskräfte für die bereiche Import/Export, Technik (Produktionsleiter), Hotelleitung und Telekommunikation.
Irland	IT-Fachkräfte, Ingenieure, Chemiker, Personalfachleute, Ärzte und Pflegefachkräfte, Hotelfachkräfte, Callcenter-Agents. Gute Chancen für ältere Programmierer.
Italien	Sehr gute Chancen für Techniker, auch wenn diese nur Englisch sprechen.
Niederlande	Sehr gute Chancen für alle, die bereit sind, auch etwas Niederländisch zu lernen, insbesondere Grenzgänger.
Österreich	IT, Kfz, Holzindustrie und Gastronomie.
Polen	Management- und Führungsbereich, im Finanzwesen und im Gesundheitswesen, Unternehmensberater, Übersetzer.
Portugal	IT-Fachkräfte, Ingenieure, Betriebs- und Volkswirte. Einfache Existenzgründung.
Schweden	IT-Fachkräfte, Kaufleute mit Schwedisch-Kenntnissen (einfach zu lernen). Schlecht sieht es dagegen für Pädagogen und Psychologen aus.
Spanien	Fachkräfte verschiedener Disziplinen sowie Saisonkräfte.
UK	IT-Fachkräfte, Jobber, Ärzte.
Nicht-EU	
Norwegen	Exzellente Aussichten für fast alle, auch für Handwerker.
Schweiz	Gute Chancen z. B. für medizinisches Personal, IT, Finanzsektor.
USA	Gute Chancen für Selfmade-Leute aller Art. Außerdem: Forscher und Mediziner.

EU (Auswahl)	An wen wenden?
Dänemark	Sprachliche Vorbereitung und Jobcoaching gibt's beim Baltic Training Center in Rostock: *www.btcweb.de*, Deutsch-dänische Handelskammer: *www.ahk-daenemark.dk*
Estland	Jobs: *www.cvkeskus.ee*, *www.cv.ee*, *www.hyppelaud.ee*
Finnland	Info »Arbeiten in Finnland«: *www.sak.fi* (finnische Gewerkschaft)
Frankreich	Info: *www.anpe.de* (französisches Arbeitsamt), für Akademiker: APEC (51, Boulevard Brune, F-75689 Paris Cedex 14)
Griechenland	Adressen von Firmen in Griechenland: *www.jobdata.gr*
Irland	Info: *www.movetoireland.com*; Jobvermittlung: *www.careermoves-irland.de*
Italien	Info: *www.deutschebotschaft-rom.it*
Niederlande	Info: *www.eures.euregio.de/index-sprache.php*
Österreich	Info: *www.wien.diplo.de*
Polen	Info: *www.europa.eu.int*
Portugal	Portugiesisches Arbeitsamt: *www.iefp.pt*
Schweden	Meta-Jobsuchmaschine: *www.jobbsafari.se/*, Info: *www.handelskammer.se/arbeiten/arbeitenPrivat.asp*
Spanien	Jobs: *www.elpais.es*; *www.inem.es* (spanisches Arbeitsamt)
UK	Jobs: *www.totaljobs.com*, IT: *www.contractoruk.com*
Nicht-EU	
Norwegen	Staatliche Arbeitsvermittlung: *www.aetat.no*; Info: *www.forum.norwegen-freunde.com*
Schweiz	Info: *www.europa.admin.ch*, Jobbörse: *www.unijob.ch*
USA	Infos: *www.usembassy.de*, *www.nytimes.com/pages/jobs/index.html*

Adressen für weitere Infos

- EURES-Berater finden: *www.eures-jobs.com*. Bietet außerdem viele Infos zu allen EU-Ländern.
- Zentralstelle für Arbeitsvermittlung der Bundesanstalt für Arbeit (ZAV), Villemobler Straße 76, 53123 Bonn, Tel.: 0228 / 713-0, E-Mail: *BonnZAVBewAInternational@arbeitsamt.de*
- Fit for Europe: *europe-online.universum.de*

- »The World Factbook« des amerikanischen Geheimdienstes CIA liefert Infos über alle Länder der Welt: *www.odci.gov/cia/publications/factbook/*
- Europa-Hotline der Bundesanstalt für Arbeit: Tel. 01805 / 22 20 23
- Europa-Kontakt (*www.europa-kontakt.de*): mit Ausschreibungsdienst und Stellenmarkt der EU-Behörden.
- Alles über das Auswandern nach Spanien, USA und Kanada: *www.auswanderung.net*

Die Auslandsstrategie Schritt für Schritt

1. Klären Sie für sich: Wie lange möchten Sie bleiben? Möchten Sie auswandern oder nur »fremd«jobben? Wollen Sie als Grenzgänger arbeiten oder als Contractor (Honorarkraft mit Zeitvertrag)?
2. Überlegen Sie: In welchen Ländern wollten Sie immer schon arbeiten?
3. Wo können Sie arbeiten, weil Sie entsprechende Sprachkenntnisse mitbringen?
4. Lassen Sie sich idealerweise von einem landeskundigen Berater unterstützen.
5. Recherchieren Sie: Wie sieht der Jobmarkt für Ihre Qualifikationen aus? Was können Sie verdienen? Wie ist die Haltung gegenüber Ausländern? Nutzen Sie dazu Foren im Internet und sprechen Sie Menschen aus den jeweiligen Ländern direkt an. Verlassen Sie sich nicht auf Sekundärinformationen, diese sind häufig veraltet und nicht selten schlecht recherchiert.
6. Informieren Sie sich über die landesüblichen Bewerbungsregeln.
7. Informieren Sie sich über geeignete Arbeitgeber und Vermittler.
8. Entscheiden Sie sich für die Vor-Ort-Suche (Risiko) oder die Suche von zu Hause aus (sicherer). Trick 17: Eine Zweitadresse im Ausland, etwa bei einem Bekannten oder Freund, so werden Sie leichter eingeladen, auch wenn Sie (noch) in Deutschland wohnen.

Die Terminstrategie

Motto: Ich mach was klar

Was diese Strategie ausmacht

Statt sich konventionell zu bewerben, vereinbaren Sie einen Termin zum Kennenlernen. Sie ergreifen damit die Initiative und werden so zum aktiven Part. Damit drehen Sie die übliche Vorgehensweise um – und signalisieren auch eine sehr selbstbewusste Haltung. Normalerweise schicken Sie Ihre Unterlagen und werden eingeladen, sofern Interesse an einem Kennenlernen besteht. Sie haben keinen Einfluss darauf, denn der Arbeitgeber ist der Aktive. Sie sind der Situation ausgeliefert. Warum eigentlich? Wieso wollen Sie sich das antun?

Wollen Sie wirklich für jeden arbeiten? Geht es Ihnen nicht auch darum, Unternehmen erst einmal kennen zu lernen? Ist das nicht eigentlich die Voraussetzung dafür, dass Sie sich vernünftig bewerben können? Besser Sie gehen erst einmal auf »Tournee« und schauen sich die Unternehmen an.

Wie Sie diese Treffen arrangieren, dafür gibt es (mindestens) zwei Möglichkeiten. Entweder laden Sie sich selbst in das Unternehmen ein oder aber Sie schicken eine Einladung in ein Restaurant oder zu sich nach Hause zum Unternehmen Ihrer Wahl. Dabei äußern Sie den Wunsch, den Unternehmer oder einen seiner höheren Angestellten kennen lernen zu wollen – beispielsweise, weil Sie einen Einblick in interessante Architekturbüros in Köln oder in Sachbuch-Verlage in München bekommen wollen. Sagen Sie bloß nicht, dass Sie sich bewerben wollen. Das kann sofort das Aus für Ihre Aktion bedeuten.

Lassen Sie es nicht so weit kommen. Denn eigentlich – und das sollten Sie sich immer vor Augen halten – möchten Sie sich ja auch gar nicht wirklich bewerben. Sie wollen lediglich Informationen gewinnen. Darüber, ob der Gesprächspartner für Sie als Arbeitgeber in Frage kommt, können Sie nachdenken, nachdem Sie mit ihm gesprochen haben.

»Das kann man doch nicht machen! Ist das nicht unsagbar frech?« fragen Sie. Vielleicht. Aber Frechheit fällt auf und Frechheit gewinnt oft. Einige meiner Coachees waren mit dieser Strategie erfolgreich. Sie sollten allerdings der richtige Typ dazu sein, ein entsprechendes Auftreten haben oder entwickeln können.

Für wen sich diese Strategie eignet

Sie müssen ein bisschen etwas zu bieten haben, um bei der Terminvereinbarung Interesse auf der anderen Seite auszulösen. Spezialkenntnisse sind von Vorteil ebenso wie Branchenerfahrung oder ein besonderes Talent. Auch persönlich müssen Sie ein guter Gesprächspartner sein, der etwas zu sagen hat – am Telefon und später im persönlichen Gespräch. Das sind die einzigen Kriterien. Grundsätzlich passt die Terminstrategie zu jedem Beruf und in jede Branche. Selbst in Behörden sind Bewerber damit schon weitergekommen, obwohl Sie im öffentlichen Dienst oft noch mehr Irritationen auslösen als anderswo. Doch Irritationen schaden nicht; sie lassen vielmehr aufhorchen, aufmerken ...

Meine Erfahrung

Ich war Vertrieblerin bei einem Fachverlag und habe in Hannover gearbeitet. Aus privaten Gründen wollte ich nach München wechseln. Da die Verlagsbranche sehr schwer zugänglich ist, entschied ich mich für eine regelrechte Tour. Ich erstellte eine Liste mit Fachverlagen und rief einen nach dem anderen an, um einen Termin zum Kennenlernen zu verabreden. Dabei habe ich mich als »Interessentin«, nicht aber als Bewerberin ausgegeben. Das kam sehr gut an. Einige haben zwar gesagt: »Wir haben ganz sicher keine Stellen frei«, aber überwiegend war das Interesse groß. Dabei habe ich immer direkt mit dem Vertriebsleiter und bei sehr kleinen Verlagen mit dem Geschäftsführer gesprochen.

Sabine, 32 Jahre

Terminstrategie für Ortswechsler

Besonders hilfreich ist diese Strategie, wenn Sie die Stadt wechseln wollen. Da nimmt Ihnen jeder ab, dass Sie sich erst einmal über geeignete Arbeitgeber informieren möchten. Außerdem fällt der Einstieg am Telefon leichter. Sie können sofort selber Terminvorschläge machen, wenn Sie beispielsweise für eine Woche vor Ort sind.

Ideal ist die Terminstrategie auch, wenn Sie quer in eine andere Branche einsteigen. Sie wollen erst einmal in Erfahrung bringen, ob die Windenergie oder die Filmbranche für Sie geeignet ist? Es ist legitim, sich erst einmal umzuschauen – und zwar bevor die andere Seite Ihnen ein »Machen Sie doch erst mal ein Praktikum« aufbrummt. Auch wenn Journalisten in die PR oder

Informatiker in die Beratung einsteigen möchten, wirkt es durchaus glaubwürdig, wenn sie sich erst einmal einen Einblicke verschaffen, bevor sie sich bewerben.

Selbst wenn Sie eine allgemeine, weitgehend branchenübergreifend einsetzbare Qualifikation haben, können Sie es mit der Terminvereinbarung versuchen – sofern Sie bestimmte Betriebe oder Firmen (neu) kennen lernen möchten. Bleiben Sie innerhalb Ihrer Branche, empfiehlt sich eher die Tournee-Variante (ab Seite 218).

Terminstrategie Variante A: Sich selbst ins Unternehmen einladen

Sie glauben nicht, dass es klappen könnte? Das folgende Gespräch hat in etwas abgewandelter Form wirklich stattgefunden. Am Ende kamen die beiden Gesprächspartner, die Juristin Isabella und der Partner einer großen Münchner Kanzlei, sogar noch ins Plaudern. Aus dem Job ist zwar nichts geworden, weil sich Isabella entschieden hat, als Justitiarin in ein mittelständisches Unternehmen zu gehen – doch das spielt hier keine Rolle.

»Guten Tag, ich möchte gern Herrn Sterntaler sprechen.«
»*Am Apparat.*«
»Ich hoffe, Sie haben drei Minuten Zeit, Herr Sterntaler.«
»*Ja?*«
»Ich habe eine Bitte.«
»*Ja?*«
»Ich möchte Sie gerne kennen lernen.«
»*(lacht) Das findet meine Frau sicher nicht so gut. Wer sind Sie denn?*«
»Ich arbeite in Schleswig-Holstein als Juristin mit Schwerpunkt Wirtschafts- und Insolvenzrecht. Nun plane ich, zurück nach Bayern zu gehen. Bevor ich das tue, möchte ich gerne einige Kanzleien kennen lernen. Es geht mir darum, etwas mehr über Ihre Arbeit und die Mandanten zu erfahren, vielleicht auch einen Eindruck vom Arbeitsklima zu bekommen.«
»*Warum nicht ... Aber Stellen haben wir im Moment keine frei.*«
»Mir geht es nicht um eine Bewerbung, ich möchte Sie kennen lernen.

Dafür bin ich zwischen dem 17. und 23. Mai in München. Hätten Sie in diesem Zeitraum einen Termin?«
»*Wie lange brauchen wir denn?*«
»Ich denke, eine Stunde reicht.«
»*Okay, am 18. um 15 Uhr. Darf ich mir Ihren Namen notieren?*«
»Isabella Mower. Mower mit w bitte.«
»*Ich freue mich, Sie kennen zu lernen.*«
»Die Freude ist auf meiner Seite.«

Vermeiden Sie in Terminvereinbarungsgesprächen typische Bewerbervokabeln. Auch wenn das Gegenüber Sie als Bewerber ortet, lehnen Sie es mit selbstbewussten Worten ab, so gesehen zu werden: »Erst wenn ich Ihr Unternehmen kennen gelernt habe, kann ich Ihnen sagen, ob ich mich bewerben möchte.«

Sagen Sie das höflich, aber bestimmt. Sie sind nicht arrogant, aber Sie wissen, was Sie wollen – und das macht (oft) Eindruck. Halten Sie sich immer vor Augen, dass Sie sich diese Perspektive erlauben können. Und auch wenn Sie aktuell ziemlich dringend einen Job suchen: Sie wollen doch wirklich nicht in jeder Klitsche für jeden cholerischen Chef arbeiten, oder? Na also.

Die Terminstrategie Version A Schritt für Schritt

1. Ermitteln Sie geeignete Firmen und den Namen des Geschäftsführers oder eines Abteilungsleiters. Nutzen Sie das Internet, Branchenkataloge, Gelbe Seiten, Ihr Netzwerk, Listen von Messeausstellern, Branchenzeitschriften etc.
2. Finden Sie möglichst viel über die entsprechende Firma heraus. Recherchieren Sie in Zeitungsarchiven und auf der Webseite sowie bei Google & Co.
3. Recherchieren Sie möglichst viel über den Chef. Was interessiert ihn, welche Einstellungen pflegt er, was ist er für ein Typ?
4. Schneiden Sie Ihre Ansprachestrategie auf Chef und Unternehmen zu. Wie können Sie den anderen zu einem unverbindlichen Gespräch motivieren?
5. Rufen Sie zu einem Zeitpunkt bei dem Unternehmen an, der Ihnen geeignet scheint. Montags ist meist ein schlechter Tag, weil viel Arbeit

erledigt werden muss und nach einem schönen Wochenende der Montagsfrust die Stimmung trübt. Versuchen Sie es ruhig zu unkonventionellen Zeiten. Einen Geschäftsführer kriegen Sie auch schon mal um 19 Uhr 30 an die Strippe.

6. Erkundigen Sie sich zunächst, ob der Gesprächspartner ein paar Minuten Zeit hat.
7. Stellen Sie sich kurz und mit nicht mehr als zwei oder drei Aussagen vor. Greifen Sie die interessantesten Punkte aus Sicht des Arbeitgebers heraus. Das kann Ihre Tätigkeit für ein namhaftes Unternehmen sein (bekannte Namen lassen aufhorchen) oder Ihre spezifische Erfahrung.
8. Sagen Sie, was Ihr Interesse am Unternehmen geweckt hat.
9. Erzählen Sie, wenn es passt, warum Sie auf den Chef aufmerksam geworden sind, was Sie fasziniert oder was Sie zumindest doch gut und/oder sympathisch finden.
10. Schildern Sie Ihr Anliegen (etwa: geeignete Unternehmen in der neuen Stadt kennen zu lernen).
11. Vereinbaren Sie einen Termin.

Terminstrategie Variante B: Den Chef zum Essen einladen

Liebe geht durch den Magen – Geschäftsbeziehungen auch. Kulinarische Genüsse sorgen zudem für eine heitere Atmosphäre und unverkrampfte Gespräche. Das sind ideale Voraussetzungen für ein Kennenlernen. Die Frage ist nur, wie Sie den Chef eines Unternehmens dazu bewegen, an Ihren Tisch zu kommen. Kreative Methoden sind dabei durchaus erlaubt.

Versuchen Sie etwas über die Vorlieben des umgarnten Arbeitgebers herauszubekommen. Mag er gerne chinesisch essen, liebt er Sushi oder die österreichische Kaffeehaus-Lebensart mit Kaffee und Kuchen? Dies können Sie z. B. herausfinden, wenn Sie Selbstdarstellungen und Zeitungsinterviews genau studieren oder persönliche Kontakte dazu befragen. Aufschlussreich ist es auch, die Sekretärin auszufragen – am besten inkognito.

Das beste Essen schmeckt nicht, wenn es wertvolle Zeit stiehlt. Sie müssen sich also interessant machen, damit es überhaupt zur Verabredung kommt. Was könnte den Arbeitgeber zum Gespräch mit Ihnen motivieren? Für was interessiert er sich außerhalb der Arbeit? Mit welchen Argumenten können Sie ihn locken? Spezielle Kenntnisse, Insider-Informationen, Kontakte, Wissen um die neue Strategie des stärksten Wettbewerbers? Lassen Sie ein wenig Geheimnis um sich herum. Verraten Sie nur so viel, dass Sie eine Zusage erhalten. Im Folgenden stelle ich Ihnen zwei ganz unterschiedliche Vorgehensweise vor. Entscheiden Sie, welche sich für Ihren Typ eignet.

Die natürliche Herangehensweise

Sie sind ein offener Mensch und reden nicht gern drum herum? Dann sollten Sie dem Chef, den Sie einladen wollen, auch klar sagen, worum es Ihnen geht: Ihnen gefällt das Unternehmen, Sie finden das Umfeld interessant und schätzen das soziale Engagement des Unternehmers. Nun möchten Sie ihn einfach mal persönlich kennen lernen. Signalisieren Sie Unverbindlichkeit. Die andere Seite darf sich nicht verpflichtet fühlen. Es geht um ein lockeres Gespräch, mehr nicht!

Die Tricky-Methode

Bei dieser Vorgehensweise greifen Sie in die Trickkiste. Sie locken mit etwas, das Sie dem Gesprächspartner voraus haben. Ihr Wissensvorsprung steht im Zentrum. Sie sind über etwas informiert, an dem Ihr potenzieller Chef brennend interessiert sein dürfte. Das allein motiviert ihn, sich mit Ihnen zu treffen.

Kommt es zum Termin, dann gilt: Enttäuschen Sie Ihr Gegenüber nicht, in dem Sie die geweckten Erwartungen nicht erfüllen. Wenn Sie große Enthüllungen versprechen, am Ende aber nur Altbekanntes von sich geben, haben Sie das Spiel verloren. Denken Sie zudem daran, dass Sie die Hauptrolle einnehmen und nicht nur Überbringer einer Botschaft sein dürfen. Ihr Wissen muss Sie attraktiv genug für eine Einstellung, mindestens aber eine Weiterempfehlung machen.

Die Terminstrategie Version B Schritt für Schritt

1. Die Schritte 1 bis 4 sind wie bei Version A.
2. Sind Sie ausreichend im Bild über Unternehmen und Chef? Wollen Sie eine schriftliche Einladung vorausschicken? Überlegen Sie, wie diese aussehen könnte, damit Sie nicht im Papierkorb landet.
3. Wohin könnten Sie den Unternehmer einladen, welches Ambiente passt zu ihm?

4. Sind Sie ein begnadeter oder doch zumindest sehr guter Koch? Wo können Sie den Chef bekochen? Warum laden Sie ihn nicht zum Picknick in den Firmengarten oder in den Park in der Nähe ein?
5. Fassen Sie nach, falls Sie die Einladung schriftlich versenden. Bieten Sie sofort alternative Termine an, falls Ihr Gesprächspartner zum vorgeschlagenen Zeitpunkt verhindert ist.

Kombinierte Strategien

Motto: Ich misch mir was

Was diese Strategien ausmacht

Viele Strategien aus diesem Buch harmonieren miteinander. Außerdem fließen häufig Aspekte aus der einen in die andere Strategie mit ein.

Es ist auch unter Umständen ein Risiko, sich nur auf eine Strategie zu konzentrieren, weil Sie nie zu 100 Prozent sicher sein können, dass die von Ihnen eingeleitete Maßnahme auch zum Erfolg führt. Setzen Sie deshalb nicht auf ein einziges (Zug-)Pferd: Bedienen Sie sich im ganzen Angebot und kombinieren Sie die BOB-Maßnahmen, die für Ihre Situation, Ihre Persönlichkeit und Ihren Berufswunsch passend sind.

Klassische Kombinationen

Einige Strategien passen besonders gut zusammen und ergänzen sich sogar, eine Kombination liegt deshalb auf der Hand. Einige Beispiele:

Netzwerkstrategie und alle anderen

Jede Strategie funktioniert zusammen mit der Netzwerkstrategie. Diese Strategie ist sozusagen die Grundlage und Basis für alles andere. Netzwerke bestimmen das Berufsleben in nahezu jedem Bereich und es ist immer sinnvoll, sich im Berufsleben möglichst viele Empfehler zu »sichern«. Dann läuft es auch besser mit den Headhuntern, funktioniert es leichter bei der Terminvereinbarung oder auch bei dem Versuch, sich in eine Elfe zu verwandeln.

Netzwerkstrategie und Elfenstrategie

Wenn Sie sich als Elfe sichtbar machen wollen, ist ein Netzwerk dabei hilfreich. Daraus ziehen Sie die Kontakte und Unterstützer, die Ihnen Ansprechpartner nennen. Netzwerke sind zudem optimale Plattformen für Elfen, die sich dort ins Licht der Öffentlichkeit und in den sichtbaren Bereich begeben können.

Headhunter-Strategie und Expertenstrategie

Headhunter werben am liebsten Experten ab, in der Regel Manager und Fachleute. Deshalb passen die Headhunter- und die Expertenstrategie optimal zusammen. Sie profilieren sich als Experte und erhöhen damit die Chance, abgeworben zu werden. Beide Strategien fallen auch in unterschiedliche

Phasen der Karriereentwicklung. Während die Expertenstrategie mehr der Karriereplanung dient, ist die Headhunter-Strategie eine Möglichkeit zur ganz konkreten Jobfindung.

Abgewandelte Initiativstrategie und Terminstrategie
Beide Strategien harmonieren, denn es ist gut möglich, dass Sie bei der Initiativstrategie auch direkt Termine vereinbaren. In diesem Fall ist die Terminstrategie sozusagen die hohe Kunst der Initiativstrategie. Sie können auch beide Strategien parallel zueinander anwenden: Einige Unternehmen sprechen Sie über die Terminstrategie, andere über die Initiativstrategie an. Probieren Sie es aus, testen Sie Ihren Erfolg mit verschiedenen Ansätzen und Herangehensweisen.

Nie auf ein Pferd setzen

»Ich möchte mich wirklich nur auf Headhunter konzentrieren«, betonte eine Kandidatin aus dem Bereich Marketing. Zu anderen Strategien war sie nicht zu bewegen. Auch auf Stelleninserate bewarb sie sich nicht. Die Taktik ging kurzfristig auf, es gab zwar Gespräche – doch aus diesen Ersterfolgen wurde nichts. Gegen die Netzwerkstrategie wehrte sie sich mit Haut und Haaren. Ich kann doch nicht wildfremde Menschen ansprechen oder alte Kontakte aufnehmen, was sollen die denn denken!
　Als deutlich wurde, dass der Weg über die Headhunter nichts brachte, rang sich die Jobsucherin zur abgewandelten Initiativstrategie durch. Nach mehr als einem Jahr hatte sie dann tatsächlich eine Position nach ihrem Geschmack. Das hätte auch sehr viel schneller gehen können, wenn sie die richtigen Strategien parallel eingesetzt und verfolgt hätte.
　Also: Sie sollten sich nicht nur auf ein »Ding« verlassen. Wählen Sie Strategien, die Ihnen sympathisch sind, und überlegen Sie, wie Sie diese aktiv umsetzen können. Verfallen Sie aber auch nicht ins andere Extrem, indem Sie sich verzetteln.
　Bei der Festlegung hilft Ihnen die folgende Übersicht. Legen Sie Ihre (maximalen) Strategien fest und auch, mit welcher Priorität (von 1 bis 3) Sie diese verfolgen. 1 bedeutet, dass Sie sich sofort daranmachen wollen, die Strategie umzusetzen, 2, dass Sie es sich bald vornehmen, und 3 schiebt die Umsetzung auf die längere (aber nie lange) Bank. Setzen Sie sich immer auch Termine, bis

wann Sie was geschafft haben wollen. Diese können Sie der Spalte »Die nächsten Schritte zur Umsetzung« notieren.

Unterscheiden Sie kurzfristig und langfristig wirkende Strategien – sorgen Sie für einen optimalen Mix.

Meine Strategien	Individuelle Priorität	Die nächsten Schritte zur Umsetzung

Umsetzungsbeispiel

Meine Strategien	Individuelle Priorität	Die nächsten Schritte zur Umsetzung
Terminstrategie	1	▶ Liste mit Unternehmen erstellen, die ich kontaktieren möchte ▶ Prioritäten festlegen ▶ Reisetermin festlegen ▶ Ansprechpartner recherchieren ▶ Gesprächsleitfaden entwickeln ▶ Hintergründe recherchieren
Abgewandelte Initiativstrategie	2	▶ Liste mit Unternehmen erstellen, die ich kontaktieren möchte ▶ Prioritäten festlegen ▶ Ansprechpartner recherchieren ▶ Gesprächsleitfaden entwickeln ▶ Hintergründe recherchieren
Headhunter-Strategie	3	▶ Dafür sorgen, dass mein Name auf die Webseite kommt ▶ Vorträge ausarbeiten und anbieten ▶ In Internetforen regelmäßig zu Wort melden ▶ Adressen von spezialisierten Headhuntern heraussuchen ▶ Headhunter ansprechen

Stelleninserate beobachten
Nie auf ein Pferd setzen bedeutet auch: auf allen Ebenen suchen und Ausschau halten. Sie sollten also auch den offenen Stellenmarkt weiter beobachten. Möglich, dass Sie dort eine Anzeige entdecken, die Ihre Traumstelle schlechthin beschreibt. Möglich, dass Sie mit Ihrer Bewerbung dort erfolgreich sind. Sie sollten es auf jeden Fall probieren. Denn: Bewerben ohne Bewerbung ist kein Dogma! Entscheiden Sie, was in der individuellen Situation für Sie das Beste ist. Und es gibt nach wie vor Situationen, die das Einsenden klassischer Unterlagen erfordert.

Nachwort: Wie lange dauert es, bis ...?

Sie wollen morgen schon den neuen Job? Vergessen Sie's. Oft geht es schnell, aber längst nicht immer. Und leider vor allem dann nicht, wenn Sie den schnellen Erfolg erwarten. Stellen Sie sich deshalb lieber auf einen längeren Zeitraum ein.

Dieser Zeitraum liegt bei (maximal) zwölf Monaten. Viele Coachees begleite ich so lange bei der Jobsuche – mit und ohne Bewerbung und abhängig davon, welche Strategie beschritten wird. Das ist ein Zeitraum, in dem sich viel entwickeln kann, in dem Raum genug ist, einen Job zu finden. Er umfasst auch Phasen der Demotivation und geringerer Aktivität, die zeitweisen Rückzüge in das »Privatleben« und notwendige Neuaufstellungen. Jobsuche ist immer auch ein Prozess, in dem sich vieles entwickeln muss. Das braucht Zeit und manchmal ist es besser, sich diese Zeit zu nehmen als das Ganze übers Knie zu brechen.

Ich behaupte: Wer es nach einem Jahr intensiver Suche nicht geschafft hat, hat Blockaden, lässt sich nicht auf Alternativen ein, verfolgt falsche Ziele, ist nicht bereit, an sich zu arbeiten, Defizite auszugleichen oder auf den Jobmarkt zu reagieren. Er ist vielleicht auch nicht willens, seinen inneren Schweinehund zu überwinden, gegen die Versagensängste anzugehen, die viele, sehr viele Bewerber haben. Er fährt lieber die Vermeidungsstrategie: Wenn ich etwas nicht tue, kann auch nichts schief gehen. Versagensängste sind überflüssig, denn Ihre Aktivität kann Ihnen nie schaden, nur nutzen. Selbst wenn einige Akquisitionsversuche »in die Hose« gehen – Sie schaden sich damit nicht, denn niemand wird sich nach zwei Wochen noch an Sie erinnern. Also versuchen Sie es noch mal. Seien Sie mutig, bereit, sich einzulassen, nehmen Sie auch Rückschläge in Kauf. Ich garantiere Ihnen, dass Sie es mit dieser Haltung schaffen werden.

In einem Jahr sind Höhen und Tiefen integriert, die in Bewerbungsphasen ganz normal sind. Je weniger geradlinig Ihr Lebenslauf ist, desto mehr Geduld müssen Sie in der Regel haben.

Investieren Sie vor allem in die Phase der Aufstellung, beantworten Sie sich die entscheidenden Fragen:

- Was macht mich aus?
- Was ist der rote Faden in meinem Lebenslauf?

Nur aus Ihrer Aktivität heraus kann sich etwas Neues – ein neuer Job – entwickeln. Deshalb mein Appell: Arbeiten Sie an sich und holen Sie sich professionelle Hilfe, wenn Sie den Antrieb aus sich selbst heraus nicht entwickeln können. Das Feedback von außen kann Ihnen neue Einblicke geben, Sicherheit und kompetente Unterstützung.

Ich wünsche Ihnen alles Gute und viel Erfolg bei der Umsetzung von BOB.

Lesenswert

- Howard S. Fredman: Wie man Headhunter auf sich aufmerksam macht, Schaeffer-Poeschel 1996
- Anni Hausladen und Gerda Laufenberg: Die Kunst des Klüngelns, rororo 2001
- Jürgen Hesse / Christian Schrader: Headhunter & Co., Eichborn 2002
- Svenja Hofert: Praxisbuch Existenzgründung, Eichborn 2004
- Svenja Hofert: Praxismappe für die kreative Bewerbung, Eichborn 2002
- Gitte Härter/Christine Öttl: Networking, Hoffmann & Campe 2004
- Christoph Kühnhanss: BeWerben ist Werben, Navigas 2003
- Jackie Pocklington: Bewerben auf Englisch, Cornelsen 2004
- Jürgen Ratzkowski: Keine Angst vor der Akquise!, Hanser 2005
- Eugen Sauter u. a.: Der eingetragene Verein, Reck 2001
- Helmut Seßler: 30 Minuten für aktives Beziehungsmanagement; Gabal 2003